DINOSAURIOS
EXTREMOS

LIBSA

Introducciòn

Cuando escuchas la palabra dinosaurio, seguro que lo primero que te viene a la cabeza es un lagarto gigantesco con la boca llena de dientes afiladísimos. No estás equivocado, pero te falta información. No solo hubo dinosaurios cazadores y enormes como los que pueblan tu imaginación, también existieron algunos de tamaño reducido y muchos inofensivos que solo se alimentaban de plantas.

La era de los dinosaurios

Los primeros dinosaurios vivieron en la Era mesozoica, hace 200 millones de años, y los últimos, hace 65 millones de años. La Era mesozoica tuvo tres periodos, el Cretácico, el Jurásico y el Triásico. Si miras el esquema te harás mejor a la idea.

Un zoo increíble

En este libro hemos incluido los dinosaurios más increíbles de esos tres periodos de la Era mesozoica, y también algunos animales, como el mamut lanudo o el dientes de sable, que habitaron la Tierra durante el Pleistoceno, una época dentro del Periodo Cuaternario de la Era cenozoica en la que surgieron los abuelos de muchos animales modernos y, ya al final, también los primeros hombres.

Los animales de esta época no pueden considerarse dinosaurios.

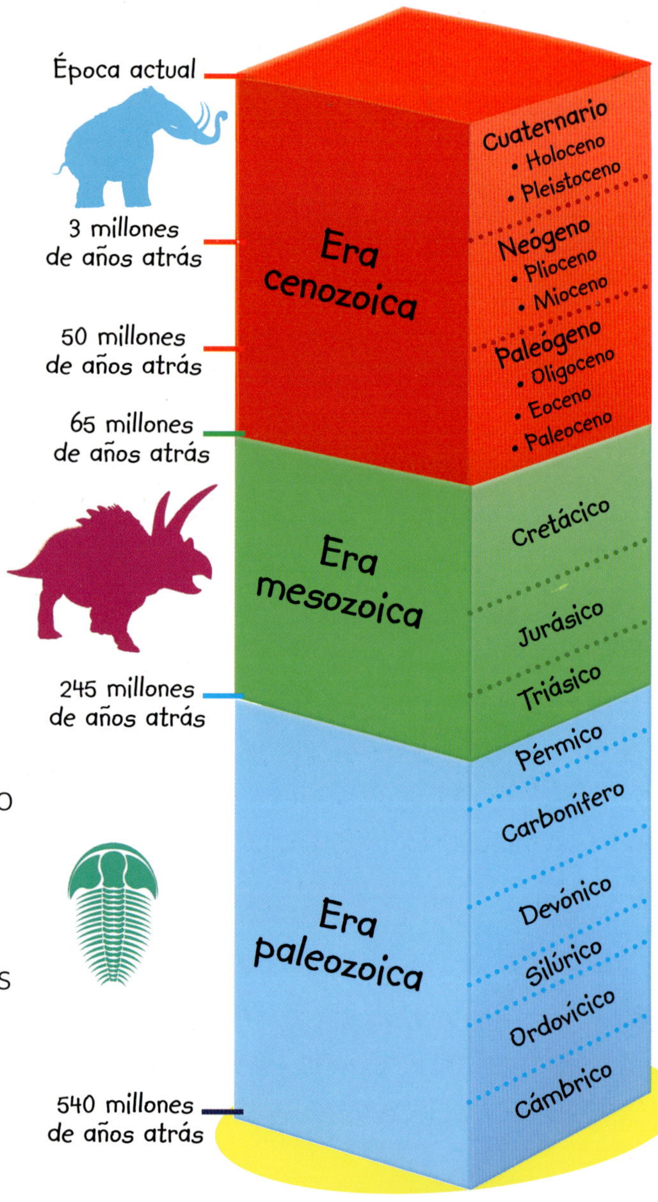

¡Vaya menú!

El menú de los dinosaurios dependió de cómo eran. Los grandes carnívoros como el tiranosaurio, el rey de los dinosaurios, eran generalmente gigantescos, depredadores que corrían deprisa sobre dos patas y tenían una dentadura escalofriante. En cambio, los herbívoros como el diplodocus caminaban a cuatro patas y tenían un cuello larguísimo que usaban para alcanzar las copas de los árboles más altos. Comían toneladas de verdura cada día y su única semejanza con los grandes carnívoros era su gran tamaño. Pero no creas que todos los dinosaurios eran enormes, hubo carnívoros como el compsognathus, tan bajitos como un bebé.

¿Y pescado?

Sí, también hubo dinosaurios pescadores. Por ejemplo, casi todos los dinosaurios voladores, que se lanzaban en picado, agarraban con sus picos dentados los peces y se elevaban de nuevo, o los que habitaron bajo las aguas, que, a modo de terribles tiburones prehistóricos, asolaron los mares del mesozoico.

Bichos raros

Entre los dinosaurios hubo grupos que destacaron por su rareza. En un catálogo de seres originales, se llevarían premio los llamados dinosaurios de pico de pato, como el saurolophus, que además de una boca con forma de pico, llevaba una extraña cresta en la cabeza.

Y para familias extravagantes, todos los dinosaurios acorazados y llenos de pinchos, cuernos, escamas y escudos naturales como el sauropelta o el albertaceratops.

¡Adelante, paleontólogo!

Queremos que leas este libro con la curiosidad de los paleontólogos cuando encuentran los restos de los dinosaurios y empiezan a estudiarlos. Abre bien los ojos, porque lo que vas a ver es realmente impresionante. ¿Estás preparado? Pues entonces…

¡VUELVE LA PÁGINA Y COMIENZA TU GRAN VIAJE AL PASADO EN ORDEN CRONOLÓGICO!

Coelophysis

No hay que dejarse engañar por la liviana apariencia de este dinosaurio. Su estatura era menor que la de un hombre adulto y apenas pesaba lo que un niño, pero era un corredor muy veloz que apresaba a otros animales con sus fuertes garras y los despedazaba con unos dientes afiladísimos.

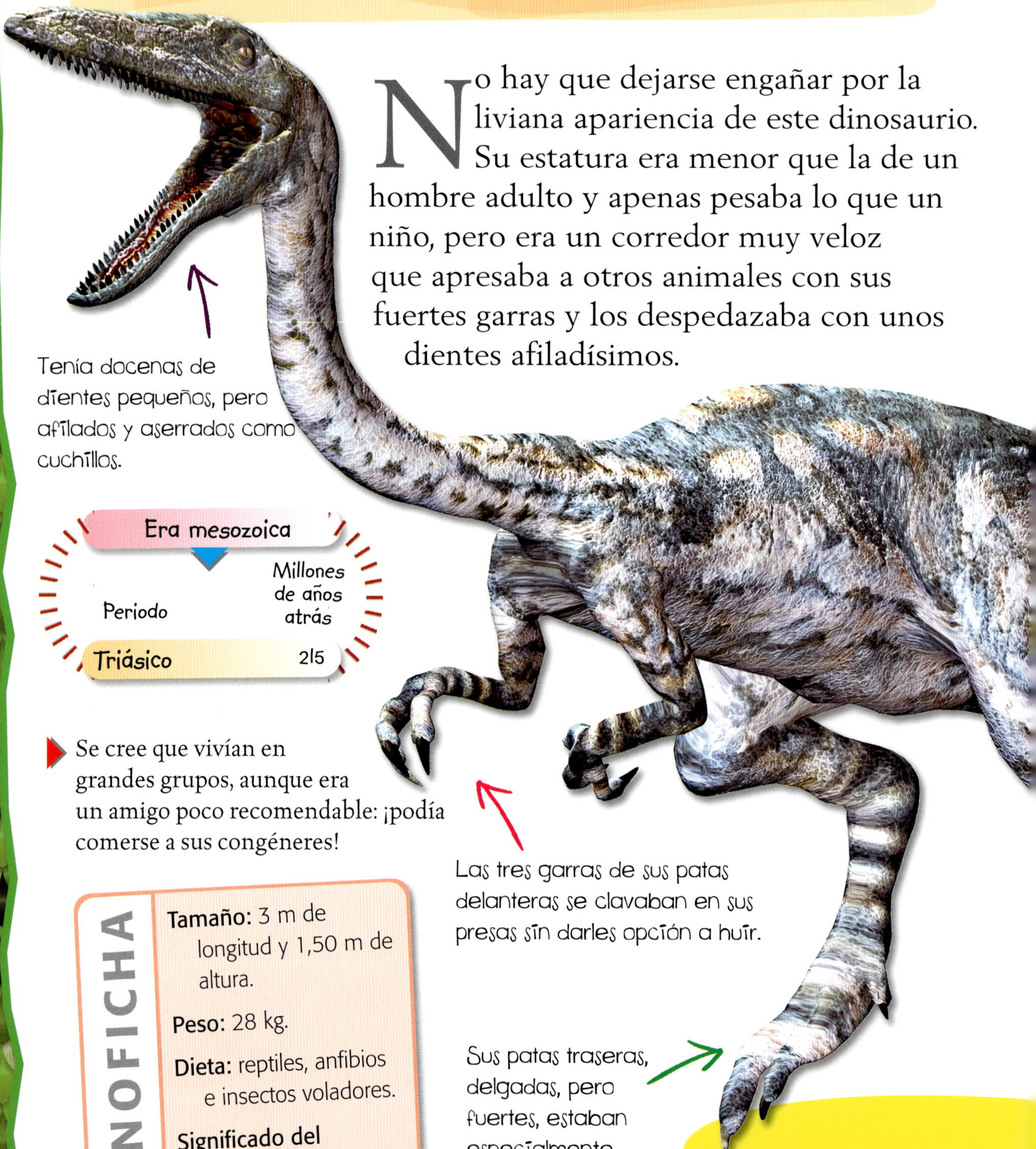

Tenía docenas de dientes pequeños, pero afilados y aserrados como cuchillos.

Era mesozoica

Periodo	Millones de años atrás
Triásico	215

Se cree que vivían en grandes grupos, aunque era un amigo poco recomendable: ¡podía comerse a sus congéneres!

Las tres garras de sus patas delanteras se clavaban en sus presas sin darles opción a huir.

DINOFICHA

Tamaño: 3 m de longitud y 1,50 m de altura.

Peso: 28 kg.

Dieta: reptiles, anfibios e insectos voladores.

Significado del nombre: forma hueca.

Sus patas traseras, delgadas, pero fuertes, estaban especialmente diseñadas para correr.

Ligero y listo

El coelophysis tenía casi todos los huesos de su esqueleto huecos. Esto le proporcionaba una ligereza extra muy útil para un buen corredor, lo que le convertía en un animal muy veloz, ágil y rápido de movimientos. Probablemente, se asoció con otros de su especie para lograr presas más grandes en grupo, con una eficaz estrategia de caza.

La vista de este dinosaurio era prodigiosa y estaba facilitada por un cuello largo como una serpiente, con el que movía la cabeza rápidamente en cualquier dirección.

La cola del coelophysis era muy fina y representaba más de la mitad de su longitud total. Le ayudaba en sus rápidos desplazamientos.

El mayor yacimiento de coelophysis se encontró en Ghost Ranch, en Nuevo México, donde había miles de huesos de este dinosaurio.

¡Astronauta!

Aunque parezca absolutamente increíble, el coelophysis es uno de los pocos dinosaurios que pueden presumir de haber viajado al espacio.

En 1998, el transbordador espacial americano Endeavour viajó con un cráneo fósil de un coelophysis del Museo de Historia Natural Carnegie en su interior, de manera que ¡un animal de hace más de 200 millones de años hizo un viaje de 6 millones de kilómetros alrededor de la Tierra!... y después de tan insólita aventura regresó a su casa.

Peteinosaurus

La estampa del peteinosaurus era desde luego original: un extraño pájaro-lagarto volador con una larga cola de unos 20 cm que surcaba los cielos de Europa occidental hace millones de años.

Era mesozoica

Periodo	Millones de años atrás
Triásico	200

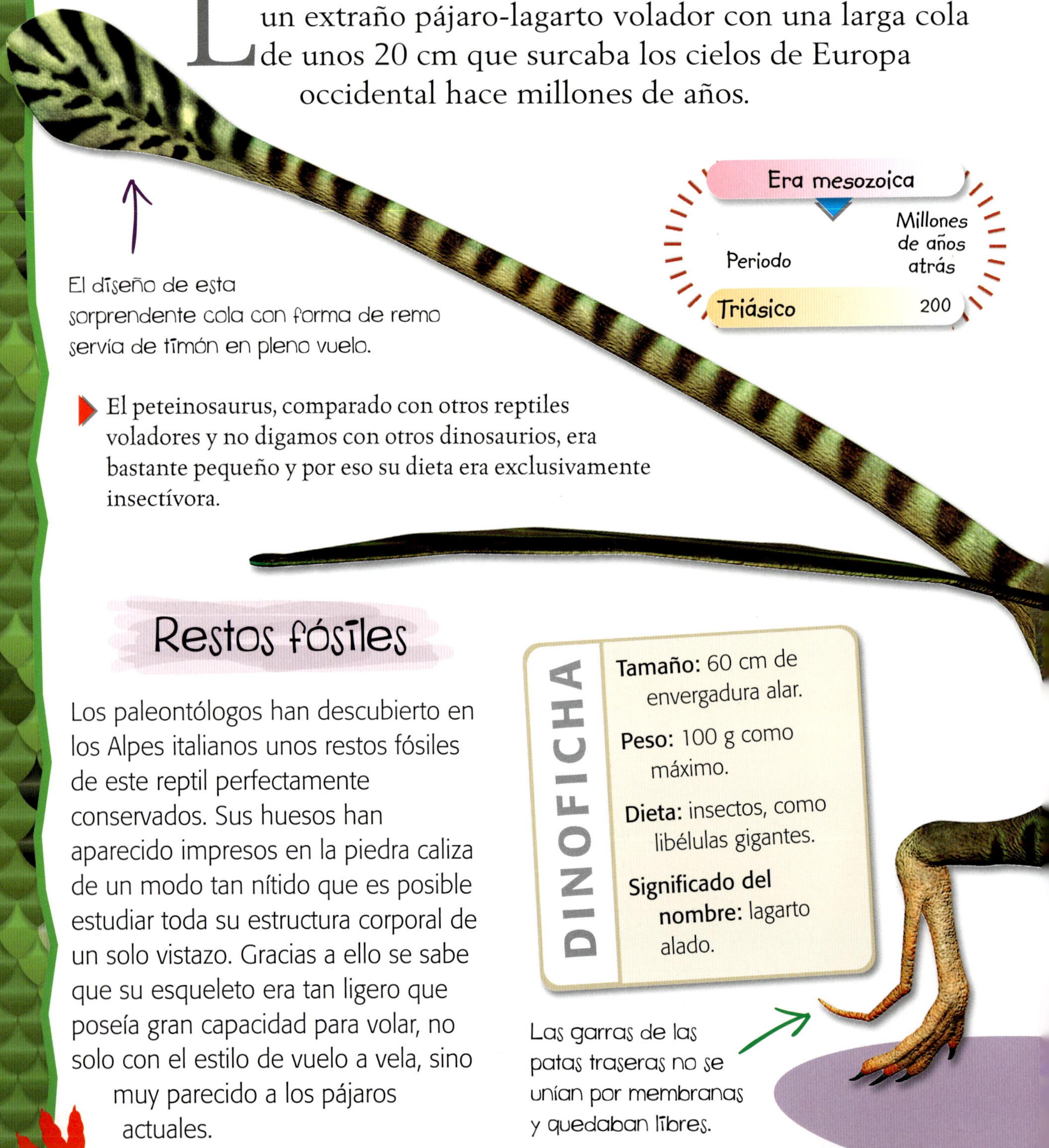

El diseño de esta sorprendente cola con forma de remo servía de timón en pleno vuelo.

El peteinosaurus, comparado con otros reptiles voladores y no digamos con otros dinosaurios, era bastante pequeño y por eso su dieta era exclusivamente insectívora.

Restos fósiles

Los paleontólogos han descubierto en los Alpes italianos unos restos fósiles de este reptil perfectamente conservados. Sus huesos han aparecido impresos en la piedra caliza de un modo tan nítido que es posible estudiar toda su estructura corporal de un solo vistazo. Gracias a ello se sabe que su esqueleto era tan ligero que poseía gran capacidad para volar, no solo con el estilo de vuelo a vela, sino muy parecido a los pájaros actuales.

DINOFICHA

Tamaño: 60 cm de envergadura alar.

Peso: 100 g como máximo.

Dieta: insectos, como libélulas gigantes.

Significado del nombre: lagarto alado.

Las garras de las patas traseras no se unían por membranas y quedaban libres.

Si en general el peteinosaurus era pequeño, su cabeza lo era aún más: ¡no era mayor que tu dedo pulgar! Pero eso no le impedía poseer una buena dentadura y unos ojos penetrantes con los que buscar su comida.

Experto piloto

El peteinosaurus maniobraba en el aire con gran precisión. El largo de sus alas era dos veces su cuerpo, al contrario que otros muchos dinosaurios voladores, que solían triplicar la longitud de su cuerpo. Sin embargo, esta reducida envergadura alar no suponía ningún problema para el peteinosaurus, que se lanzaba en picado sobre sus presas atrapándolas en pleno vuelo.

De sus alas membranosas brotaban las patas delanteras con dedos, que se supone que le servirían para equilibrarse.

Aunque ahora no nos lo parezca, este dinosaurio no debió de asustar mucho a sus contemporáneos. Su mandíbula no era muy fuerte y sus dientes no resultaban poderosos, por lo que se cree que fue más carroñero que cazador.

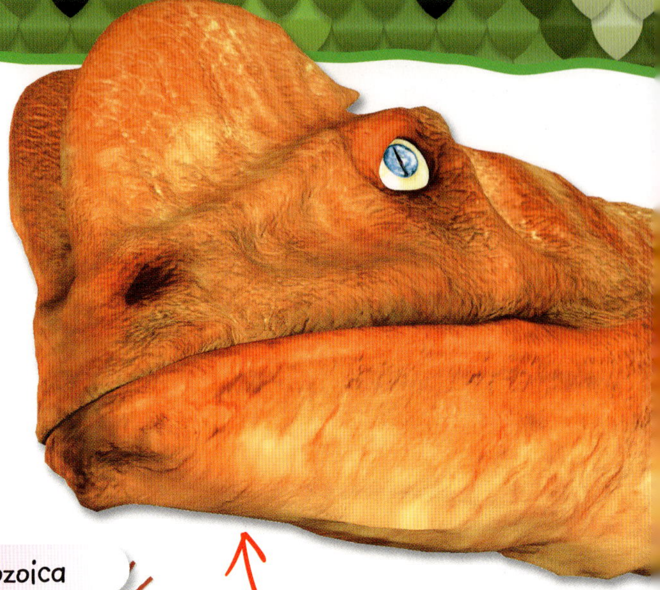

Los dientes eran muy afilados, perfectos para desgarrar los restos de animales muertos.

La estatura del dilophosaurus era aproximadamente la de un elefante actual... ¡pero de aspecto mucho más terrorífico!

Era mesozoica

Periodo	Millones de años atrás
Triásico	200-190

DINOFICHA

Tamaño: 7 m de largo y 2,50 m de alto.

Peso: 350 kg.

Dieta: pequeños herbívoros y carroña.

Significado del nombre: lagarto de dos crestas.

Un bicho raro

Seguramente, el dilophosaurus nunca ganó un concurso de belleza. Era un extraño dinosaurio con la cabeza más rara del mundo por culpa de sus inconfundibles crestas. No se sabe para qué usaba esas curiosas protuberancias con forma semicircular, óseas, pero delicadas, de manera que no le servirían para defenderse ni cazar. Tal vez era la señal diferenciadora para comunicarse con otros de su especie o para exhibirse.

Mala fama

En la taquillera película de Steven Spielberg titulada «Parque Jurásico», el dilophosaurus aparece como un dinosaurio algo más pequeño de lo que era en realidad, con la capacidad para sacar hacia fuera una membrana del cuello, a modo de collar, y con la peligrosa costumbre de escupir un veneno que paralizaría a sus presas como estrategia de caza.

Ninguna de estas características es cierta desde el punto de vista paleontológico; al contrario, parece ser que no era un depredador temible y que su forma de vida era disfrutar de la comida que otros carnívoros abandonaban.

Dilophosaurus

El dilophosaurus corría siempre manteniendo la cola en alto para poder equilibrar el peso de su cuerpo y su cabeza.

Las patas delanteras eran cortas y con sus cuatro dedos terminados en garras cortaba la carne como si utilizara cuchillo y tenedor.

¡Nadador!

Las huellas de las patas de este dinosaurio son muy características, parecidas a las de las aves actuales. Por ellas se sabe que era capaz de nadar. Para no hundirse, movía la cola de un lado a otro y pataleaba rápidamente, además de apoyar de vez en cuando las patas en el fondo dando saltitos.

Massospondylus

El massospondylus cruzaba los bosques de coníferas que se extendían en lo que hoy es Sudáfrica al principio del Jurásico.

Era mesozoica

Periodo	Millones de años atrás
Jurásico	200-183

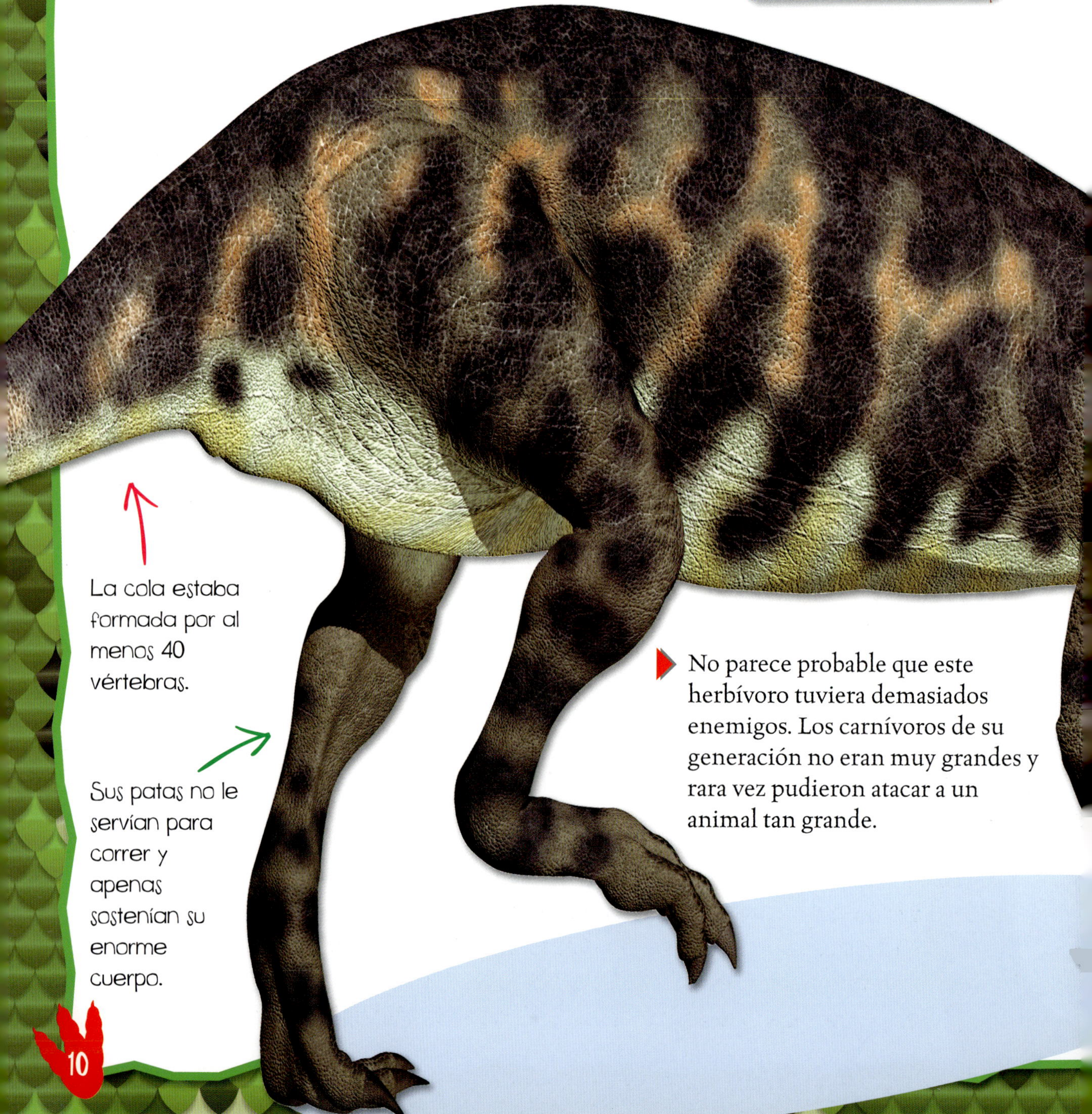

La cola estaba formada por al menos 40 vértebras.

Sus patas no le servían para correr y apenas sostenían su enorme cuerpo.

No parece probable que este herbívoro tuviera demasiados enemigos. Los carnívoros de su generación no eran muy grandes y rara vez pudieron atacar a un animal tan grande.

DINOFICHA

Tamaño: 4 m de largo.

Peso: 135 kg.

Dieta: herbívoro de grandes coníferas. Puede que fuera carroñero.

Significado del nombre: vértebra alargada.

¿Cuadrúpedo?

Siempre se ha representado al massospondylus como un dinosaurio que caminaba sobre sus cuatro patas, pero es posible que en realidad fuera bípedo. Al principio se pensó que quizá tenía la capacidad de apoyarse en sus patas traseras para alcanzar las copas de los árboles más altas, pero ahora se cree que lo más probable es que siempre caminara sobre ellas.

Además, aparte de la poderosa garra de su pulgar, los dedos de las manos eran muy pequeños y estaban ladeados, por lo que no servirían para apoyar un cuerpo tan pesado.

El massospondylus poseía un curioso perfil: un cuerpo grueso, con un larguísimo cuello terminado en una diminuta cabeza.

La garra del pulgar le servía para defenderse, pero también para pelar y desmochar los árboles y para excavar sus nidos en el suelo.

Gastrolitos

Como otros dinosaurios, el massospondylus tragaba piedras (llamadas gastrolitos) para favorecer su digestión. Sus dientes podían rasgar la vegetación, pero no machacarla, por lo que la tragaba entera y, una vez en el estómago, las piedras hacían de batidora y trituraban la comida.

Dorygnathus

Era mesozoica

Periodo	Millones de años atrás
Jurásico	190

Entre los muchos pterosaurios que poblaron los cielos del Jurásico, el dorygnathus fue probablemente el más llamativo por su increíble cabeza triangular en la que destacaba poderosamente su mandíbula... de apariencia terrorífica. La vida de este animal era en realidad bastante tranquila.

DINOFICHA

Tamaño: 1,50 m de envergadura alar.

Peso: desconocido.

Dieta: peces y otros animales marinos.

Significado del nombre: mandíbula lanza.

La forma de las alas del dorygnathus es similar a la que hoy en día tienen los murciélagos: una falange que se alarga desplegando una membrana.

Se presupone que la cola tenía forma de paleta para hacer de timón.

Las garras del dorygnathus no parecen estar muy adaptadas a la tierra y, aunque podía caminar con ellas, desde luego no era un experto escalador.

No necesitaba dentista...

Desde luego, lo primero que nos llamaría la atención de tener delante a un dorygnathus sería su dentadura: las piezas de arriba eran muy largas y curvadas, pero lo sorprendente era que crecían al revés, de manera que después podían entrelazarse con las piezas de abajo, mucho más cortas.

La parte posterior de la mandíbula tenía dientes muy pequeños, eficaces para atrapar peces pequeños. Sus dos mandíbulas encajaban perfectamente cuando tenía el hocico cerrado.

El dorygnathus habitó lo que hoy es Europa, en una zona que entonces estaba totalmente inundada por mares poco profundos y muy poblados de peces.

... ni tampoco gafas

¿Y qué decir de la extraña cabeza de este pterosaurio? ¿Y de su intimidatoria mirada? Las cuencas de los ojos eran demasiado grandes, lo que, unido a sus colmillos grandes y curvados, le confiere una apariencia tan amenazadora que nadie diría que se trataba de un simple pescador.

Los tres primeros metacarpianos surgían de las alas membranosas a modo de garras, mientras que el cuarto se alargaba para dar la forma del ala completa.

La terrible mandíbula del dorygnathus tenía 14 cm de longitud total (todo el cráneo medía 16 cm) y poseía al menos 44 dientes que se cerraban en una verdadera trampa mortal para los peces que pescaba al vuelo.

Pterodactylus

En los territorios que actualmente ocupan Europa y África, a las orillas de los grandes lagos, sobrevolaban infinidad de pterodactylus, un tipo de reptil volador, durante el Jurásico.

Larga distancia

Sus huesos eran huecos porque así tenía una constitución más ligera que le permitía volar con mayor agilidad y durante más tiempo. Con su excelente sentido de la vista podía capturar presas sin dejar de volar.

Primo del dinosaurio

El pterodactylus no es en realidad un dinosaurio, sino un reptil volador que vivió en la misma época, por ejemplo, que el diplodocus. Se consideran dinosaurios a los grandes reptiles capaces de ponerse de pie, cosa que no parece probable con el pterodactylus, si bien no todos los científicos se ponen de acuerdo.

Las alas se formaban con la piel y la membrana que se extendía desde su larguísimo cuarto dedo.

Las alas eran muy largas y tanto el cuarto dedo como su uña estaban recubiertos de dura queratina.

Era mesozoica

Periodo	Millones de años atrás
Jurásico	155-150

DINOFICHA

Tamaño: 50-75 cm de envergadura alar.

Peso: 2 kg.

Dieta: carnívoro, sobre todo peces.

Significado del nombre: dedo alado.

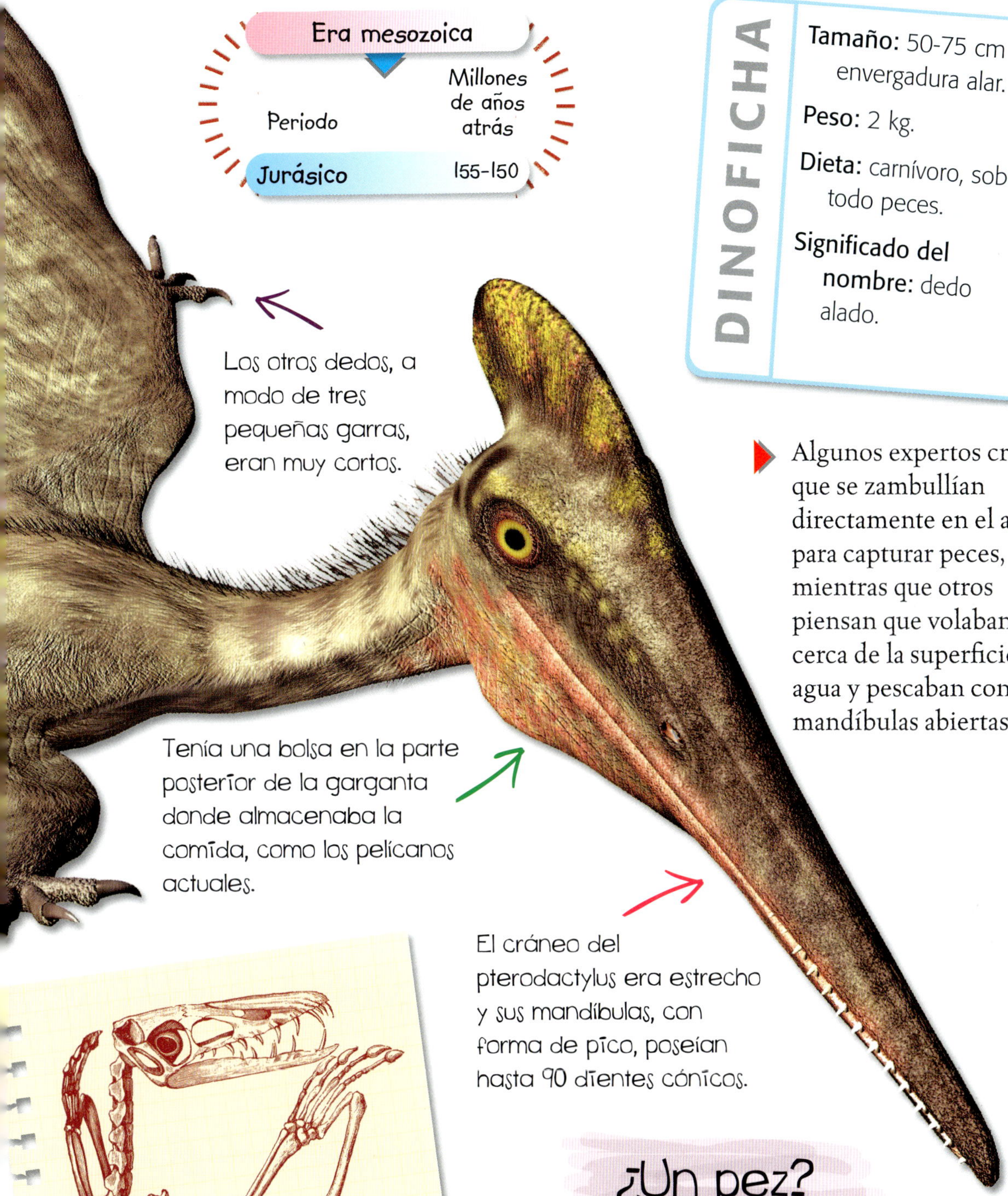

Los otros dedos, a modo de tres pequeñas garras, eran muy cortos.

Tenía una bolsa en la parte posterior de la garganta donde almacenaba la comida, como los pelícanos actuales.

El cráneo del pterodactylus era estrecho y sus mandíbulas, con forma de pico, poseían hasta 90 dientes cónicos.

Algunos expertos creen que se zambullían directamente en el agua para capturar peces, mientras que otros piensan que volaban cerca de la superficie del agua y pescaban con las mandíbulas abiertas.

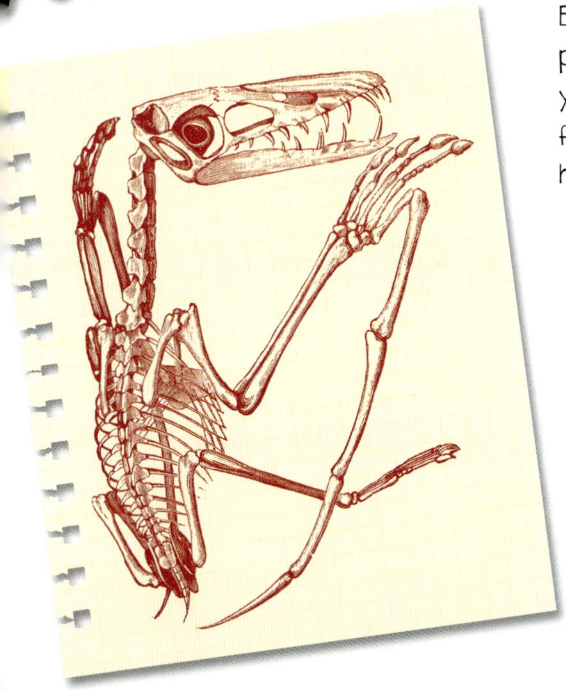

¿Un pez?

La primera vez que se investigó el hallazgo de un pterodactylus fue de la mano del científico italiano Cosimo Alessandro Collini, que observó unos restos conservados en piedra caliza en 1784. Sorprendentemente, no lo relacionó con las aves ni con los murciélagos, sino que pensó que era... ¡un animal marino!

Camarasaurus

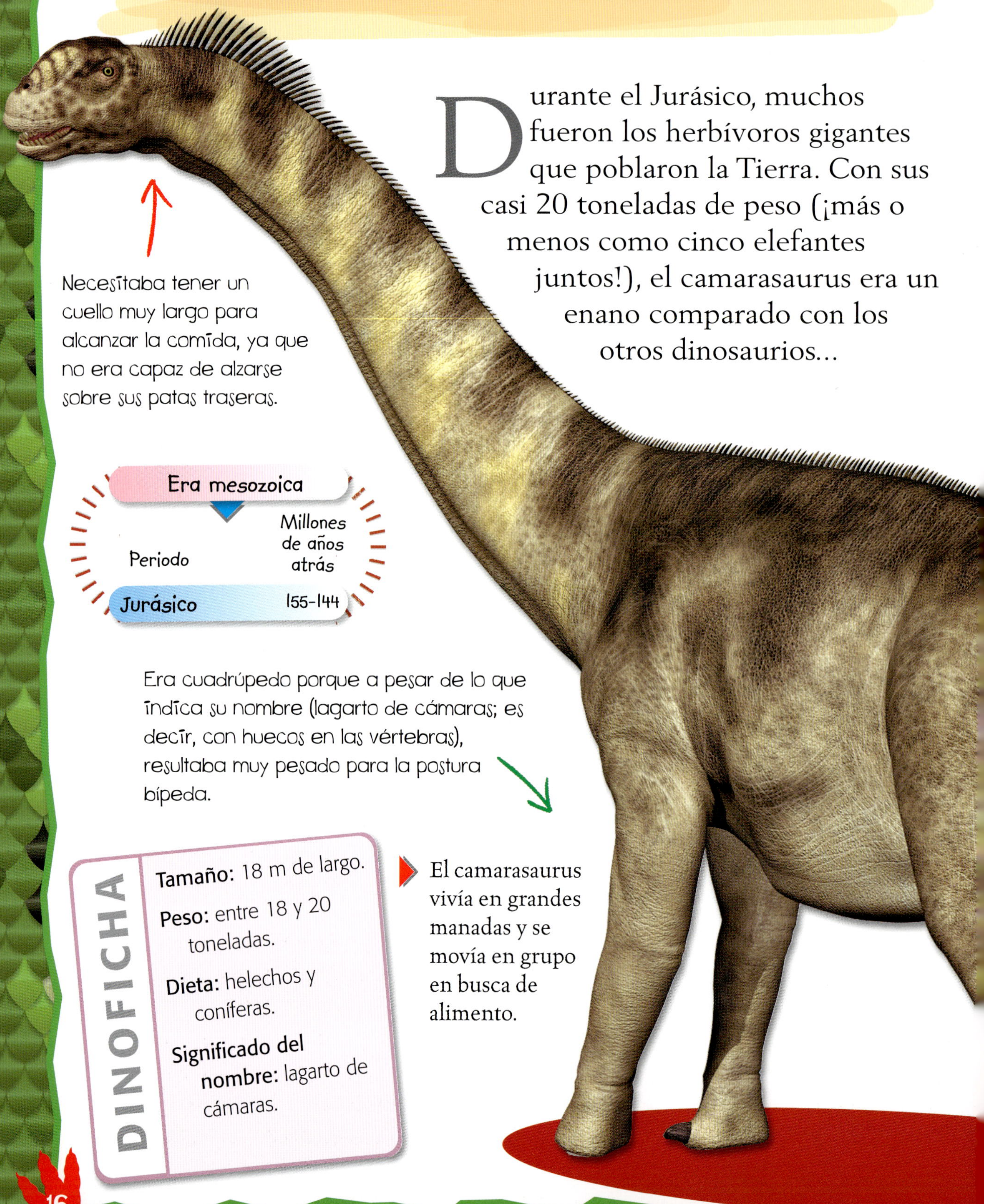

Durante el Jurásico, muchos fueron los herbívoros gigantes que poblaron la Tierra. Con sus casi 20 toneladas de peso (¡más o menos como cinco elefantes juntos!), el camarasaurus era un enano comparado con los otros dinosaurios...

Necesitaba tener un cuello muy largo para alcanzar la comida, ya que no era capaz de alzarse sobre sus patas traseras.

Era mesozoica	
Periodo	Millones de años atrás
Jurásico	155-144

Era cuadrúpedo porque a pesar de lo que indica su nombre (lagarto de cámaras; es decir, con huecos en las vértebras), resultaba muy pesado para la postura bípeda.

DINOFICHA

Tamaño: 18 m de largo.

Peso: entre 18 y 20 toneladas.

Dieta: helechos y coníferas.

Significado del nombre: lagarto de cámaras.

El camarasaurus vivía en grandes manadas y se movía en grupo en busca de alimento.

De cabeza

Como suele ocurrir con los grandes herbívoros, el camarasaurus tenía una cabeza muy pequeña con un cerebro más pequeño aún. Durante mucho tiempo, los investigadores creyeron que debía de tener un segundo cerebro en una protuberancia de la cadera a modo de médula espinal. Sin embargo, hoy día esta idea ha sido descartada.

De este modo, podemos afirmar que el camarasaurus no era muy listo, aunque seguramente sí tuvo un refuerzo nervioso en la cadera para poder coordinar el movimiento de un cuerpo tan grande.

¡Lentísimo!

No es difícil comprender que con semejante corpulencia, el camarasaurus no era muy veloz. Caminaba torpemente con una lentitud que era un regalo para su gran enemigo: el allosaurus.

La cola era más corta que la de los otros grandes herbívoros.

Extraña apariencia

El aspecto general del camarasaurus no era el de la mascota ideal: tenía las fosas nasales situadas en la parte superior y frontal de su pequeña cabeza, con los ojos justo detrás; poseía un cuerpo enorme que necesitaba nada menos que media tonelada de vegetación diaria para sobrevivir, con una cola que quizá le sirviera de apoyo (pero que al arrastrarla por el suelo dejaba tras de sí un gran surco en la tierra) y unas patas tan gruesas como troncos de árboles terminadas en pezuñas.

Ceratosaurus

Imagínate dos rinocerontes seguidos. Pues así de largo era el ceratosaurus, que también poseía unos cuernos en su cabeza. Si a esa longitud le añades varios metros de altura y unos cuantos dientes, te harás una idea de la terrible estampa de este dinosaurio.

Es posible que el ceratosaurus se apoyara enteramente sobre su cola (como los canguros) para liberar sus patas y cazar mejor.

Cola de cocodrilo

La cola del ceratosaurus era muy similar a la de los cocodrilos actuales, lo que ha hecho pensar a los investigadores que fue un buen nadador.

DINOFICHA

Tamaño: 6 m de largo y 2 m de alto.

Peso: 500-1.000 kg.

Dieta: peces, reptiles y herbívoros. Quizá también carroña.

Significado del nombre: reptil cornudo.

Era mesozoica

Periodo	Millones de años atrás
Jurásico	152-145

Las patas traseras, más grandes, soportaban su peso al correr tras sus presas.

La cabeza y el lomo del ceratosaurus estaban cubiertos de depósitos óseos con forma de dientes de sierra o espinas vertebrales.

La dentadura del ceratosaurus estaba diseñada para desgarrar la carne de sus víctimas con dientes curvos y afilados. En la parte delantera, tenía colmillos más largos para sujetar a su presa e impedir que escapara por mucho que forcejeara para escaparse.

El cuerno quizá pudo servir para las luchas de los machos por las hembras.

¡Cuernos!

Además del cuerno central, formado a partir de las protuberancias de sus huesos nasales, el ceratosaurus desarrolló también crestas o cuernos sobre cada ojo, probablemente formados por los huesos lagrimales. El caso es que era un dinosaurio con armadura natural.

Las patas delanteras tenían cuatro dedos, pero solo tres de ellos eran garras útiles.

Apatosaurus

El cuerpo del apatosaurus era como un inmenso dirigible terminado en cuatro patas como columnas inmensas y rematado por arriba por un cuello larguísimo. Sus patas han dejado huellas en el suelo que pueden contener ¡hasta 300 litros de agua!

Era mesozoica	
Periodo	Millones de años atrás
Jurásico	150-147

El esqueleto de un apatosaurus o brontosaurus fue el primero que se exhibió de un saurópodo. Fue en 1905 en el Museo Peabody de Historia Natural (EE.UU.).

Hábitat natural

En lo que hoy es Norteamérica, durante el Jurásico, manadas de apatosaurus pastoreaban en busca de alimento. Tenía predilección por las plantas con pinchos, como palmeras, piñas y las agujas de las grandes coníferas, aunque también comía helechos. Todo ello lo tragaba casi sin masticar y las bacterias de su estómago, así como las piedras que tragaba, le ayudaban a hacer la digestión.

DINOFICHA

Tamaño: 26 m de largo y 4,50 m de alto.

Peso: 24 toneladas.

Dieta: plantas con pinchos, como palmeras, piñas y coníferas.

Significado del nombre: falso lagarto.

Dinorécord

Los apatosauros (también llamados brontosaurios) son unos de los animales más grandes que han existido en la Tierra: tenían cerca de 4,50 m de altura contada hasta las caderas, una longitud total de hasta 26 m y una masa de casi 24 toneladas, un peso similar al de cuatro o cinco elefantes africanos.

Las vértebras cervicales eran más grandes y más pesadas que las del diplodocus.

La mejor defensa del apatosaurus (además de su gran tamaño) era su cola, larga y poderosa. Podía moverla violentamente como si fuera un enorme látigo con el que dañaba a cualquier depredador.

Como otros grandes herbívoros, tenía una garra en el pulgar para romper las ramas y defenderse.

Con su gran envergadura corporal no podía correr muy rápido para zafarse de los depredadores, por lo que algunos investigadores creen que pudo defenderse con su cola y también dando coces con sus enormes pezuñas.

Diplodocus

He aquí a uno de los dinosaurios más conocidos del mundo, un espectacular ejemplar gigante y pacífico comedor de vegetales que podía vivir hasta 100 años caminando lentamente entre los árboles.

Era mesozoica	
Periodo	Millones de años atrás
Jurásico	150-147

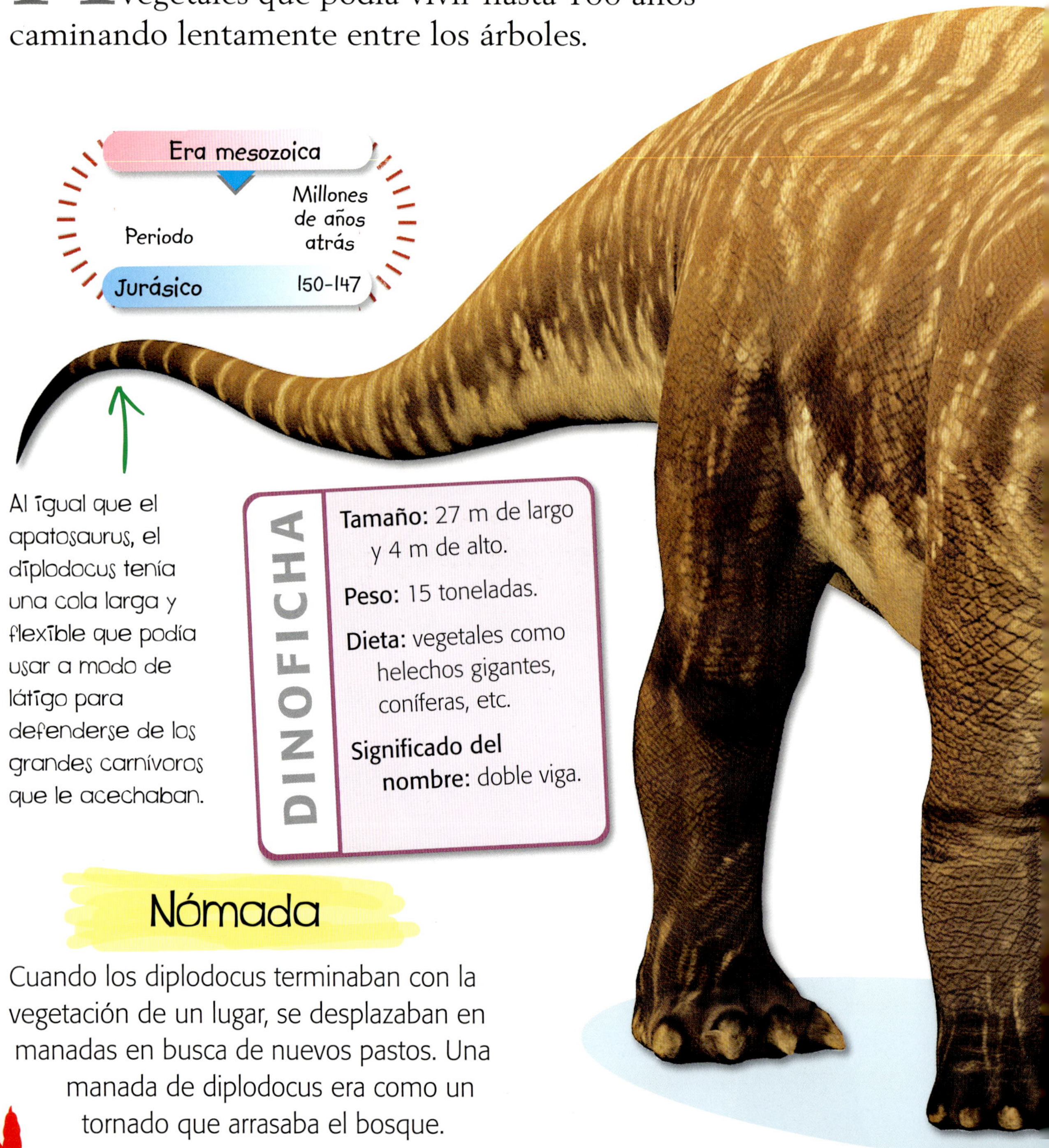

Al igual que el apatosaurus, el diplodocus tenía una cola larga y flexible que podía usar a modo de látigo para defenderse de los grandes carnívoros que le acechaban.

DINOFICHA

Tamaño: 27 m de largo y 4 m de alto.

Peso: 15 toneladas.

Dieta: vegetales como helechos gigantes, coníferas, etc.

Significado del nombre: doble viga.

Nómada

Cuando los diplodocus terminaban con la vegetación de un lugar, se desplazaban en manadas en busca de nuevos pastos. Una manada de diplodocus era como un tornado que arrasaba el bosque.

El millonario americano Andrew Carnegie encargó que le buscaran un gran dinosaurio para su museo de Pittsburgh. Cuando el rey de Inglaterra Eduardo VII lo vio, pidió una réplica que se exhibe desde 1905 en el Museo de Historia Natural de Londres.

Puede que tuviera espinas de queratina a lo largo del lomo.

Se ha hablado de la «habilidad trípode» del diplodocus; es decir, su capacidad para sostenerse sobre sus patas traseras y su cola para erguirse, de manera que con su largo cuello alcanzaría la vegetación de muchos niveles... ¡hasta los 10 m de altura!

Insólito perfil

Se puede decir, al menos comparándolo con los animales actuales, que el diplodocus era un tipo original: larguísimo cuerpo y larguísima cola para una cabeza diminuta...

Sin embargo, su apariencia estaba perfectamente concebida para sobrevivir en su ambiente, ya que debía alcanzar las hojas más altas, aquellas a las que no llegaban otros hervíboros, de manera que su cuello flexible de hasta 7,50 m era muy útil.

Archaeopteryx

Este célebre animal alimenta desde su descubrimiento la polémica de si se trata de un dinosaurio con plumas o si solamente es un ave, o bien si estamos ante el eslabón perdido entre los dinosaurios y las aves.

Las alas son muy parecidas a las de las aves actuales, con las plumas asimétricas para volar o planear. No se sabe de qué color, pero el mero descubrimiento de que tenía plumas fue una revolución.

¿Volador?

Sí, el archaeopteryx volaba, pero los investigadores coinciden en que no siempre y ni siquiera la mayor parte del tiempo, pues se ha podido demostrar que pasaba mucho tiempo en tierra y que era capaz de correr a gran velocidad, como los avestruces actualmente.

Era mesozoica

Periodo	Millones de años atrás
Jurásico	150-145

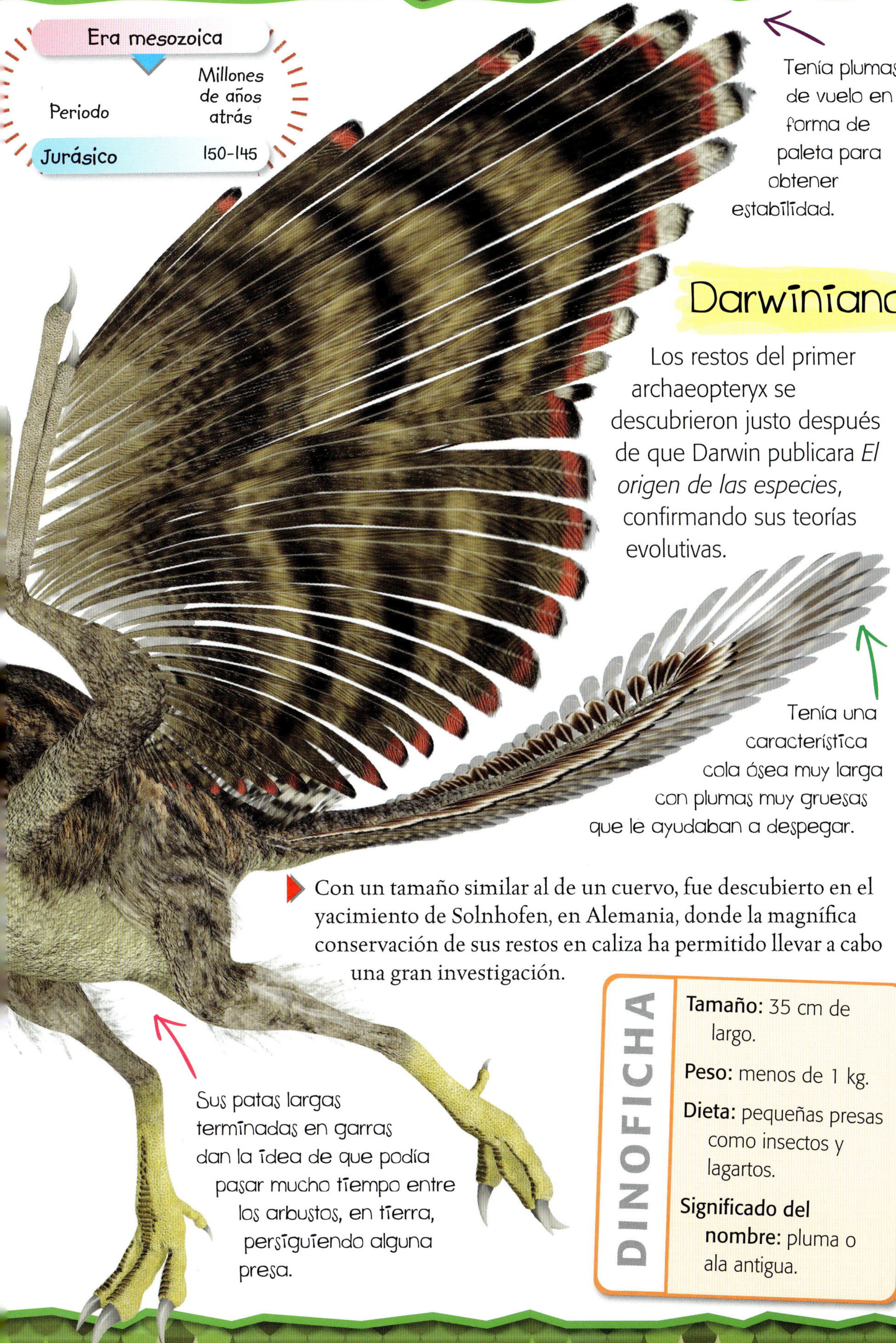

Tenía plumas de vuelo en forma de paleta para obtener estabilidad.

Darwiniano

Los restos del primer archaeopteryx se descubrieron justo después de que Darwin publicara *El origen de las especies*, confirmando sus teorías evolutivas.

Tenía una característica cola ósea muy larga con plumas muy gruesas que le ayudaban a despegar.

Con un tamaño similar al de un cuervo, fue descubierto en el yacimiento de Solnhofen, en Alemania, donde la magnífica conservación de sus restos en caliza ha permitido llevar a cabo una gran investigación.

Sus patas largas terminadas en garras dan la idea de que podía pasar mucho tiempo entre los arbustos, en tierra, persiguiendo alguna presa.

DINOFICHA

Tamaño: 35 cm de largo.

Peso: menos de 1 kg.

Dieta: pequeñas presas como insectos y lagartos.

Significado del nombre: pluma o ala antigua.

Compsognathus

Nunca se ha conocido un dinosaurio de menor tamaño que el compsognathus. A pesar de sus mínimas medidas, apenas un metro de largo (con la cola incluida), y un peso tan nimio como el de un pollo actual, era un gran cazador, ágil, veloz y de gran ferocidad. Para completar tan temible apariencia, se cree que pudo tener el cuerpo cubierto de pelo para intimidar a sus enemigos.

La cola medía la mayor parte de su longitud. Le servía para mantener el equilibrio y cambiar de dirección bruscamente en una persecución.

Ojos enormes

Los ojos del compsognathus estaban colocados en la parte superior de la cabeza y por lo tanto miraban hacia delante del mismo modo que los animales cazadores que existen en la actualidad. Se cree que tenía muy buena vista, incluso de noche, y grandes reflejos para atrapar cualquier presa.

Era mesozoica

Periodo	Millones de años atrás
Jurásico	150

DINOFICHA

Tamaño: 60-80 cm, incluyendo la cola.

Peso: unos 3 kg.

Dieta: insectos, lagartos y animales con caparazón.

Significado del nombre: mandíbula bonita.

Dinorécord

Probablemente, en las olimpiadas de los dinosaurios, el compsognathus hubiera sido coronado como el mejor atleta: con sus fuertes y delgadas patas traseras, podía alcanzar una velocidad de hasta ¡64 km/h! aunque solo en distancias cortas para conseguir una pieza de caza.

Feroces dientes

A pesar de su nombre (mandíbula bonita) nada tenían de hermosas la boca y la dentadura de este dinosaurio que presentaba 68 dientes tan puntiagudos, curvos y cortantes como para convertirse en una pesadilla para cualquier pequeña presa distraída, como lagartos, libélulas gigantes, etc.

La fortaleza de su mandíbula le resultaba muy útil para romper los caparazones duros de algunos animales, como los caracoles primitivos, que completaban su dieta.

Tenía un hocico muy largo y las cuencas oculares ocupaban mucho espacio.

Muchos científicos creen que el compsognathus y en general todos los dinosaurios de huesos huecos y ligeros son el antecedente de las aves actuales.

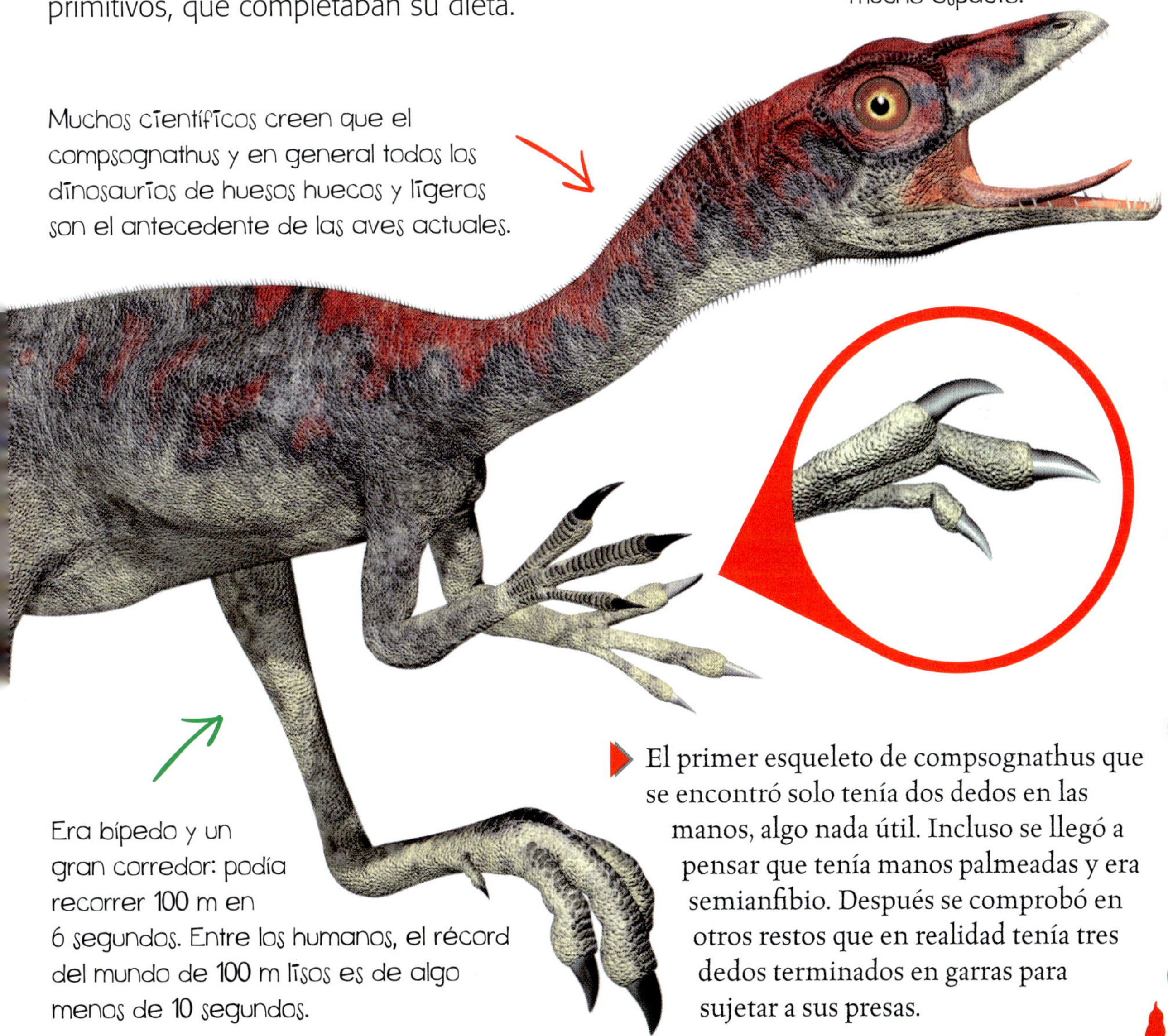

Era bípedo y un gran corredor: podía recorrer 100 m en 6 segundos. Entre los humanos, el récord del mundo de 100 m lisos es de algo menos de 10 segundos.

El primer esqueleto de compsognathus que se encontró solo tenía dos dedos en las manos, algo nada útil. Incluso se llegó a pensar que tenía manos palmeadas y era semianfibio. Después se comprobó en otros restos que en realidad tenía tres dedos terminados en garras para sujetar a sus presas.

Miragaia

Era mesozoica

Periodo

Millones de años atrás

Jurásico 150

El cuello del miragaia medía el 30% de su longitud total.

Contaba con 17 vértebras en el cuello, cuando la mayor parte de sus congéneres poseían solo 12.

El grueso cuerpo y las torpes patas de este gran dinosaurio no le hicieron ser ágil ni corredor. No podía escapar, sino esconderse entre la maleza como máximo.

No se sabe muy bien para qué le servía tan largo cuello, ya que era cuadrúpedo y no podía sostenerse sobre las patas traseras, de manera que no le serviría para alcanzar la comida de los lugares altos. Es más probable que le sirviera para explorar al nivel del suelo o como simple exhibición de fortaleza frente a los enemigos.

Sin duda se trata de un extraño ejemplar de dinosaurio. Encontrado en Miragaia (Portugal), recibe el nombre del lugar donde se descubrió un único ejemplar, al que además le faltan huesos, por lo que en líneas generales más que saber cosas sobre él, se presuponen, siendo un dinosaurio que aparece en los libros casi como una leyenda animal.

Una gran cantidad de placas triangulares surcaban el lomo del miragaia. Debieron ser defensivas, para que los grandes carnívoros no pudieran morderle un cuello tan protegido.

Mezclado

El miragaia forma parte de la familia de los estegosáuridos, con los que tiene en común el aspecto acorazado con placas en el cuerpo, pero se diferencia de ellos en su largo cuello, que le hace asemejarse a los saurópodos, como el diplodocus y el apatosaurus.

Cuatro espinas coronaban la cola del miragaia.

Gigantesca armadura

La cola del miragaia era bastante larga y poseía cuatro grandes protuberancias óseas con forma de espina. Es muy posible que empleara el balanceo de la cola con esta arma final a modo de maza para asestar fuertes golpes a aquellos depredadores que le acosaran.

Se cree también que tenía una gran espina en cada uno de sus hombros, con lo que su defensa era parecida a la de un caballero medieval: una armadura poderosa.

DINOFICHA

Tamaño: 6 m de largo y 2,50 m de alto.

Peso: unos 1.800 kg.

Dieta: todo tipo de vegetación.

Significado del nombre: lagarto de Miragaia.

Rhamphorhynchus

Este reptil volador prehistórico, emparentado con los dinosaurios, aunque no sea exactamente uno de ellos, era buen piloto, pues volaba con gran maestría y era capaz de pescar su alimento cayendo en picado y metiendo la cabeza bajo el agua para capturar a su presa.

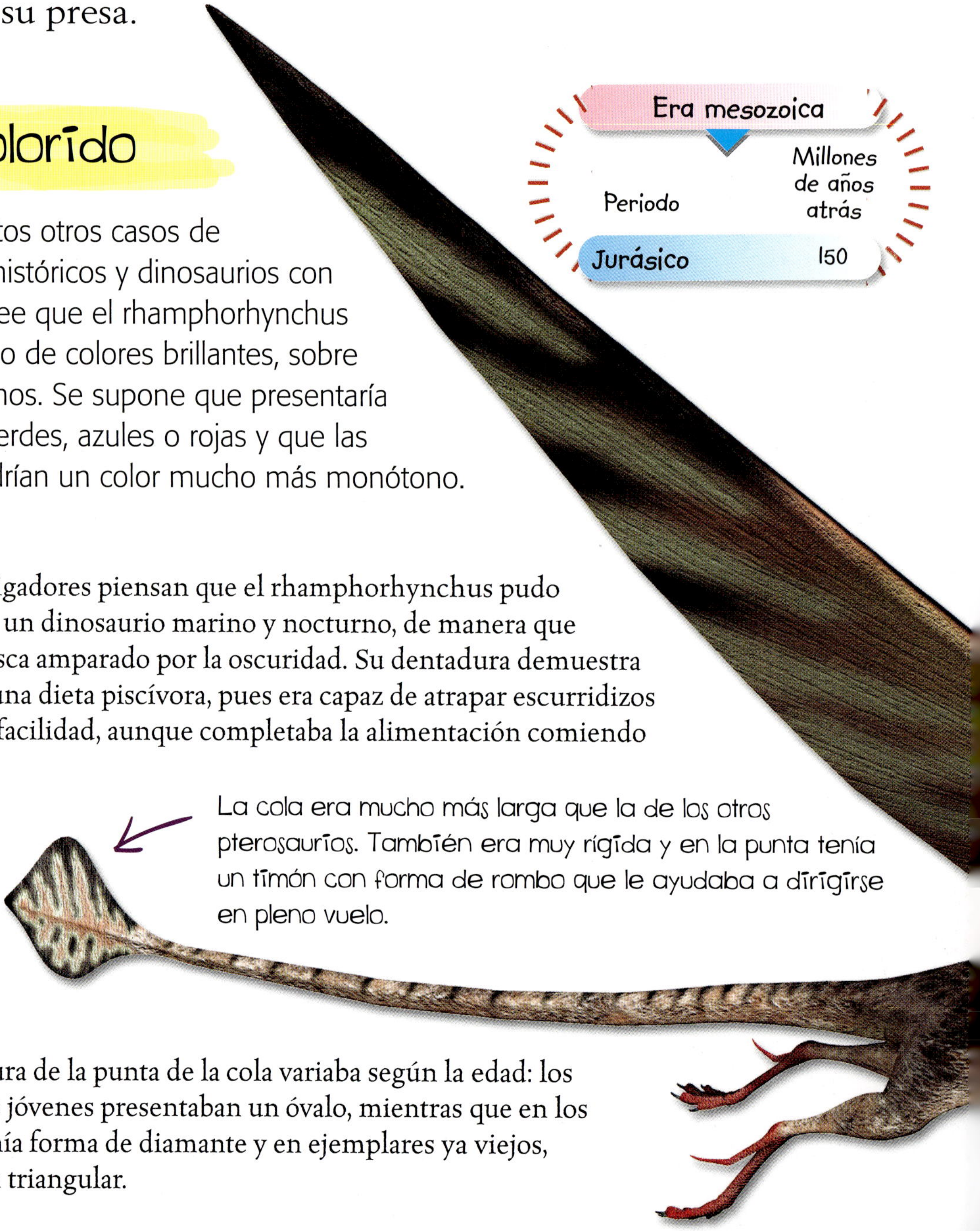

Era mesozoica	
Periodo	Millones de años atrás
Jurásico	150

Colorido

Como en tantos otros casos de animales prehistóricos y dinosaurios con plumas, se cree que el rhamphorhynchus tenía el cuerpo de colores brillantes, sobre todo los machos. Se supone que presentaría tonalidades verdes, azules o rojas y que las hembras tendrían un color mucho más monótono.

- Los investigadores piensan que el rhamphorhynchus pudo haber sido un dinosaurio marino y nocturno, de manera que salía de pesca amparado por la oscuridad. Su dentadura demuestra que tenía una dieta piscívora, pues era capaz de atrapar escurridizos peces con facilidad, aunque completaba la alimentación comiendo insectos.

La cola era mucho más larga que la de los otros pterosaurios. También era muy rígida y en la punta tenía un timón con forma de rombo que le ayudaba a dirigirse en pleno vuelo.

- La estructura de la punta de la cola variaba según la edad: los ejemplares jóvenes presentaban un óvalo, mientras que en los adultos tenía forma de diamante y en ejemplares ya viejos, incluso era triangular.

Tragedia prehistórica

Uno de los restos más increíbles que se ha encontrado de este reptil-pájaro es el que se halló en Solnhofen, Alemania, impreso en piedra caliza. Se trataba de un aspidorhynchus, un agresivo pez que atrapaba entre sus fauces a un rhamphorhynchus.

Los investigadores creen que el ave volaba muy bajo, buscando comida, cuando fue mordido por el pez, con el resultado de la muerte de ambos animales.

DINOFICHA

Tamaño: 1,80 m de envergadura alar.

Peso: desconocido.

Dieta: sobre todo peces, aunque también insectos.

Significado del nombre: hocico con pico.

Torvosaurus

El tamaño del torvosaurus es en realidad un enigma. Se han encontrado restos parciales de varios ejemplares de los que se han sacado conclusiones, pero los datos varían de unos ejemplares a otros, por lo que lo único que se sabe con exactitud es que era... ¡muy grande!

Es muy probable que el torvosaurus tuviera el lomo cuajado de espinas originadas por depósitos óseos, a modo de crestas.

Era mesozoica	
Periodo	Millones de años atrás
Jurásico	150-140

La cola del torvosaurus era muy gruesa y larga, probablemente para poder servir de contrapeso a su voluminoso cuerpo mientras corría.

¡Gran gourmet!

El torvosaurus no hacía ascos a ningún menú. Normalmente, cazaba presas de menor tamaño que él o aprovechaba para acechar a grandes hervíboros que estuvieran enfermos o heridos o que fueran jóvenes inexpertos e indefensos.

No parecía importarle cambiar un menú de carne fresca por otro de carne putrefacta, pues además se cree que era carroñero y se comía la carne de animales muertos por causas naturales o por otros depredadores que hubieran abandonado la pieza después de comer hasta hartarse.

Las patas traseras le mantenían en posición bípeda, por lo que debían ser muy fuertes para soportar su peso y correr con cierta velocidad.

Fue un temible depredador, quizá el más grande de su tiempo. Se cree que incluso pudo atacar y comerse a las crías de los grandes hervíboros, como es el caso del diplodocus.

Una de las mandíbulas encontradas medía en total 63 cm. ¡Imagínatela llena de dientes afilados como cuchillos!

La cabeza del torvosaurus era especialmente grande: en algún ejemplar el cráneo medía más de un metro de longitud.

DINOFICHA

Tamaño: unos 9 m de largo.

Peso: unos 2.000 kg.

Dieta: carne de cualquier animal.

Significado del nombre: lagarto salvaje.

Garras de hoz

Las garras que el torvosaurus tenía en los dedos de las manos tenían el mismo diseño que una hoz y le servían para despedazar la carne de sus víctimas, cortándola de un solo tajo. Además de las garras, tenía una dentadura terrorífica, lo que hizo de él un carnívoro tan temible como el mismo allosaurus.

Dilong

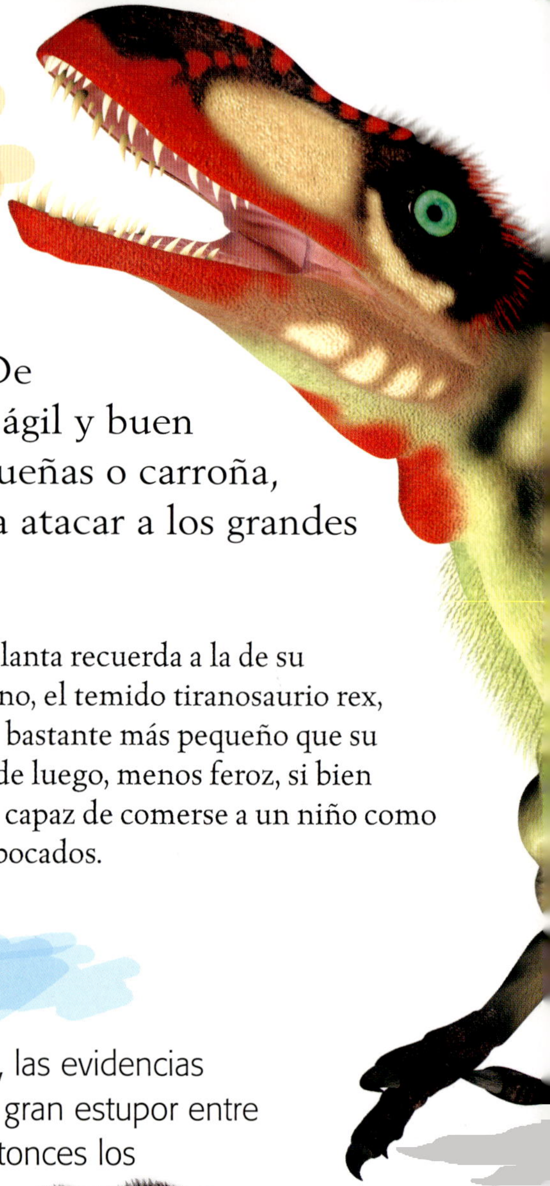

El dilong fue un primitivo tiranosauroideo que vivió a comienzos del Cretácico en Asia. De cuerpo ligero y patas largas, era bastante ágil y buen cazador, aunque seleccionaba presas pequeñas o carroña, ya que por su poca envergadura no podía atacar a los grandes herbívoros.

Era mesozoica

Periodo	Millones de años atrás
Cretácico	135

Aunque su planta recuerda a la de su pariente lejano, el temido tiranosaurio rex, el dilong era bastante más pequeño que su primo y, desde luego, menos feroz, si bien hubiera sido capaz de comerse a un niño como tú en pocos bocados.

Emplumado

Al ser un dinosaurio del tipo tiranosauroideo, las evidencias fósiles de que tenía plumas causaron gran estupor entre la comunidad científica que hasta entonces los relacionaba con los reptiles.

La teoría evolutiva que defiende que los dinosaurios son los ascendentes de las actuales aves encuentra en el dilong un verdadero aliado, pues presentaba plumas simples a lo largo del lomo y sobre todo, en la cola.

¿Un dragón?

El dilong, que quiere decir «emperador dragón», recibió su nombre por dos motivos: «emperador» hacía referencia a su parentesco con el tiranosaurio rex (rey de los saurios) y «dragón» estaba relacionado con su lugar de origen, China, donde el dragón es un animal mítico tan importante que, al descubrir los primeros restos de dinosaurios, el pueblo creyó que eran huesos de dragones.

Las plumas simples o protoplumas no son como las que conocemos en las aves, sino que se parecen más a pelos o cerdas rígidas de queratina.

Evidentemente, el plumaje corto del cuerpo y la cola del dilong no podía servirle para volar, pero sí a modo de aislante para mantener el calor corporal.

La cola del dilong, al igual que la de los otros carnívoros, le ayudaba en sus desplazamientos haciendo de contrapeso a su cuerpo y cabeza.

El dilong tenía tres garras en las manos que le servían para apresar a su víctima y sujetarla mientras sus afilados dientes terminaban con su vida.

DINOFICHA

Tamaño: 1,50-2 m de largo.

Peso: desconocido.

Dieta: carnívoro de presas pequeñas.

Significado del nombre: emperador dragón.

Iguanodon

Este fue el segundo dinosaurio en recibir un nombre y ser catalogado, cuando todavía no se conocía el mundo de los dinosaurios y los científicos buscaban similitudes con animales que les resultaran familiares. De ahí su nombre, que le relaciona con la iguana por la forma de la boca.

Legendario...

El descubrimiento de los primeros restos de iguanodon durante el siglo XIX hizo que se cometieran muchos errores en su descripción. Se dijo, por ejemplo, que poseía un cuerno. Una escultura del supuesto dinosaurio fue expuesta en el Palacio de Cristal de Londres durante la Exposición Universal de 1851.

Mucho más tarde, en 1978, se encontraron 39 esqueletos completos de iguanodon en una mina de carbón de Bélgica, lo que permitió un estudio completo.

... y novelesco

Dada la popularidad del iguanodon, Arthur Conan Doyle le reservó un papel protagonista en su famosa novela *El mundo perdido.* En ella, un científico y un periodista encuentran en el Amazonas un territorio desconocido donde aún habitan especies extintas de dinosaurios... ¡que conviven con hombres primitivos! ¿Te lo imaginas?

Era mesozoica	
Periodo	Millones de años atrás
Cretácico	130-120

Podía alcanzar una postura bípeda ayudándose de sus pezuñas, capaces de soportar su robusto cuerpo. Sin embargo, su postura más habitual era cuadrúpeda con la cola levantada.

Carecía de dientes en la parte frontal, que era como un pico óseo, capaz de cortar ramas y hojas duras. En cambio, poseía 100 muelas con las que aplastaba todo tipo de vegetales.

Tenía cinco dedos en cada pata, con un pulgar largo y flexible para partir las ramas.

DINOFICHA

Tamaño: 10 m de largo y 5 m de alto.

Peso: unos 3.000 kg.

Dieta: todo tipo de vegetales, semillas y frutos.

Significado del nombre: diente de iguana.

Psittacosaurus

El extraño perfil del psittacosaurus recuerda poderosamente al de un loro o un papagayo, aunque no tuviera nada en común con estos animales. A pesar de pertenecer a la misma familia que el enorme triceratops, no era mucho más grande que una gacela. Habitó la zona que hoy ocupan Rusia, China y Mongolia.

Su inconfundible cráneo terminaba en un pico óseo parecido al de una tortuga.

Era mesozoica

Periodo	Millones de años atrás
Cretácico	130-100

Vegetariano

Cuando el psittacosaurus cerraba sus mandíbulas, los dientes se parecían a unas tijeras capaces de cortar todo tipo de plantas en trozos más pequeños. Luego, tragaba guijarros para ayudar a la digestión.

Escamoso y emplumado

El psittacosaurus tenía todo el cuerpo recubierto de escamas de diferente tamaño, igual que los reptiles actuales.

Además, en su cola lucía un penacho de cerdas largas y duras que se cree que eran protoplumas o plumas primitivas. No se sabe para qué usaba su penacho, pero al estar en una sola fila, no parece posible que fuera para mantener el calor corporal, sino que seguramente lo exhibía ante las hembras o le servía para comunicarse con otros de su especie.

DINOFICHA

Tamaño: 2 m de largo y 1,50 m de alto en posición bípeda.

Peso: 20 kg.

Dieta: vegetales de todo tipo.

Significado del nombre: reptil papagayo.

Se ha conservado un ejemplar adulto rodeado de pequeños psittacosauros. Se cree que este dinosaurio cuidaba de su prole en madrigueras.

Es probable que los filamentos que formaban esa especie de crin en la cola tuvieran colores brillantes.

Ante la presencia peligrosa de los depredadores, este hervíboro era de los pocos que confiaban en poder huir a la carrera, ya que era muy ágil y veloz.

Utahraptor

El maligno e inteligente utahraptor pudo haber contribuido a la extinción de especies completas como cazador experto que podía planear todos sus movimientos. Era rápido y feroz e iba armado con increíbles garras y una dentadura con forma de sierra.

La cola larga y el lomo tenían pinchos óseos como sujeción extra para sostenerse, además de la que aportaba la columna.

Era mesozoica

Periodo	Millones de años atrás
Cretácico	126

Tamaño real

Es verdad que, colocado a cuatro patas, el utahraptor no era mucho más alto que un hombre, pero cuando adquiría su postura más habitual, la bípeda, doblaba su estatura, convirtiéndose en un terrible enemigo.

Fue uno de los carnívoros más feroces porque tenía una estrategia de caza en manada, con la que, como un pequeño ejército bien organizado, los utahraptor acorralaban a su presa para echarse sobre ella y despedazarla dándole mordiscos y usando sus garras, afiladas como navajas, sobre todo las de las patas traseras.

DINOFICHA

Tamaño: 7 m de largo y 2,50 m de alto.

Peso: unos 500 kg.

Dieta: otros saurópodos no muy grandes.

Significado del nombre: ladrón de Utah.

El cerebro de este dinosaurio tenía aproximadamente el tamaño del de un gato, algo sorprendente, pues el de sus congéneres era mucho más pequeño. Se cree que era uno de los dinosaurios más inteligentes, capaz de actuar en grupo.

Nunca se han encontrado evidencias científicas de que tuviera plumas, pero se cree que así era.

Las manos tenían las muñecas flexibles, parecidas a las de los humanos.

El segundo dedo de las patas traseras terminaba en una garra con forma de hoz, un arma mortal de hasta ¡38 cm!

Muy peligroso

Los dientes del utahraptor podían tener el tamaño del dedo pulgar de un adulto y su mandíbula se abría y se cerraba a una velocidad increíble.

La gran garra trasera podía darse la vuelta hacia arriba durante la carrera para no lesionarse.

Caudipteryx

Este pequeño dinosaurio fue un verdadero quebradero de cabeza para los paleontólogos, que no sabían si clasificarlo como un terópodo (dinosaurios bípedos y carnívoros) o como un ave, ya que realmente su apariencia está a medio camino de ambos grupos.

Un atleta

Se cree que el caudipteryx era un corredor rápido y eficaz. La anatomía de sus patas traseras, largas y fuertes, terminadas en potentes garras almohadilladas para apoyarse al trote, está diseñada precisamente para correr. Sin embargo, lo más probable es que no empleara su gran velocidad para cazar, sino para huir de los depredadores.

DINOFICHA

Tamaño: 1 m de largo y 70 cm de alto.

Peso: 5 kg.

Dieta: insectos, lagartos y pequeños mamíferos.

Significado del nombre: plumas en la cola.

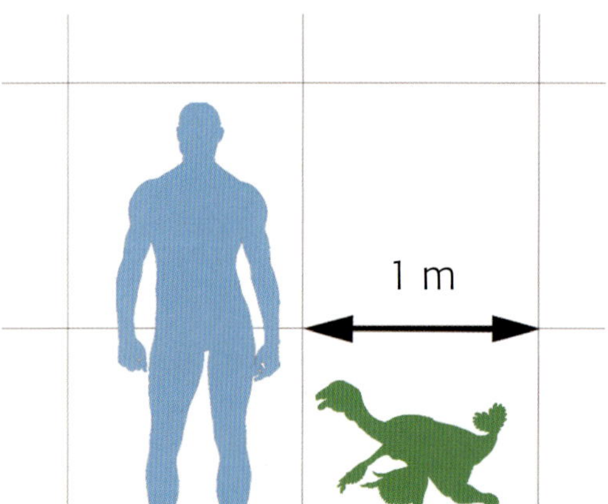

Apegado a la tierra

A pesar de su aspecto de ave, los investigadores han concluido que con unas alas tan cortas no podía volar y siempre se desplazaba por tierra, donde además podía esconderse fácilmente, dado su reducido tamaño.

La cola, aunque era espectacular, resultaba muy corta en comparación a las de otros dinosaurios, por lo que no le servía como contrapeso o elemento de equilibrio al correr. Su patrón de carrera era muy parecido al del avestruz actual.

El pico era fuerte y con forma de gancho, y tenía dientes, aunque necesitaba gastrolitos para digerir los alimentos.

- La curiosa mezcla entre ave y reptil ofrece un animal con la cabeza, los brazos y las caderas propias de un dinosaurio, pero totalmente emplumado, con pico y alas, como las aves. Es probablemente el mejor ejemplo para ilustrar la teoría evolutiva de las aves.

Era mesozoica

Periodo	Millones de años atrás
Cretácico	125

La cola llegaba a medir hasta 20 cm.

La cola presentaba un llamativo penacho de plumas colocado a modo de abanico, seguramente para la exhibición.

- Es muy posible que el caudipteryx también se comiera los huevos de otros dinosaurios si se los encontraba.

Las plumas le aportaban calor corporal, aunque las de las manos y la cola eran seguramente ornamentales y de colores brillantes.

Los pies tenían una estructura muy similar a la de las aves corredoras actuales.

Ichthyovenator

Tan solo se ha encontrado un ejemplar de este tipo de dinosaurio y los restos no están completos, de manera que los científicos han podido estudiar los huesos de la cadera, una costilla y algunas vértebras. Como faltan datos, la forma de su cabeza es una conjetura.

Sin duda, lo más llamativo de este dinosaurio eran las dos velas que adornaban su dorso. No se sabe qué utilidad tenían, pero resulta sorprendente que fueran dos en lugar de una (algo mucho más habitual), o que fuera una dividida en dos ubicada casi en la mitad del lomo.

Se supone que tenía una cola larga para equilibrarse.

Era mesozoica	
Periodo	Millones de años atrás
Cretácico	125

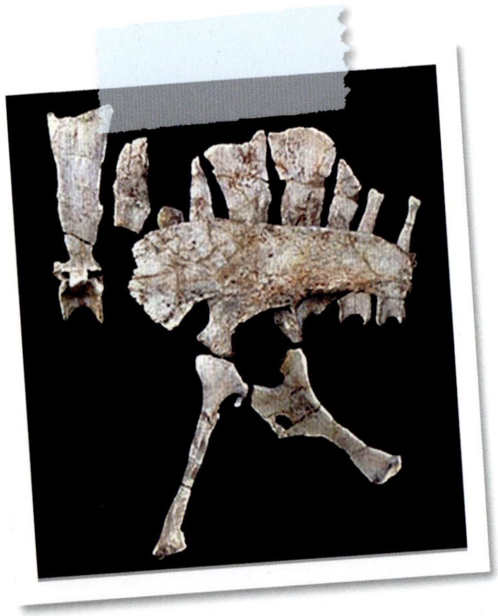

Restos fósiles

Estos son los pocos huesos fosilizados que se han encontrado del ichthyovenator y, a partir de ellos, se ha reconstruido el resto del cuerpo, muchas veces presuponiendo que sería similar al de otros espinosáuridos.

De este modo, se cree que tendría un cráneo parecido al de un cocodrilo y se ha calculado el tamaño aproximado de todo su cuerpo, así como su altura a raíz de los huesos de la cadera.

El aspecto cocodriliano de sus mandíbulas y dentadura le emparenta con los espinosáuridos como el baryonyx. Las garras delanteras también son muy similares a los de estos: están diseñadas para cazar peces escurridizos al clavarlas y que luego resulte difícil que puedan soltarse (de ahí su forma curvada). En cambio, las patas traseras debían ser fuertes y robustas, para impulsar su gran cuerpo.

DINOFICHA

Tamaño: 7-9 m de largo.

Peso: unos 1.500 kg.

Dieta: peces y otros animales acuáticos.

Significado del nombre: cazador de peces.

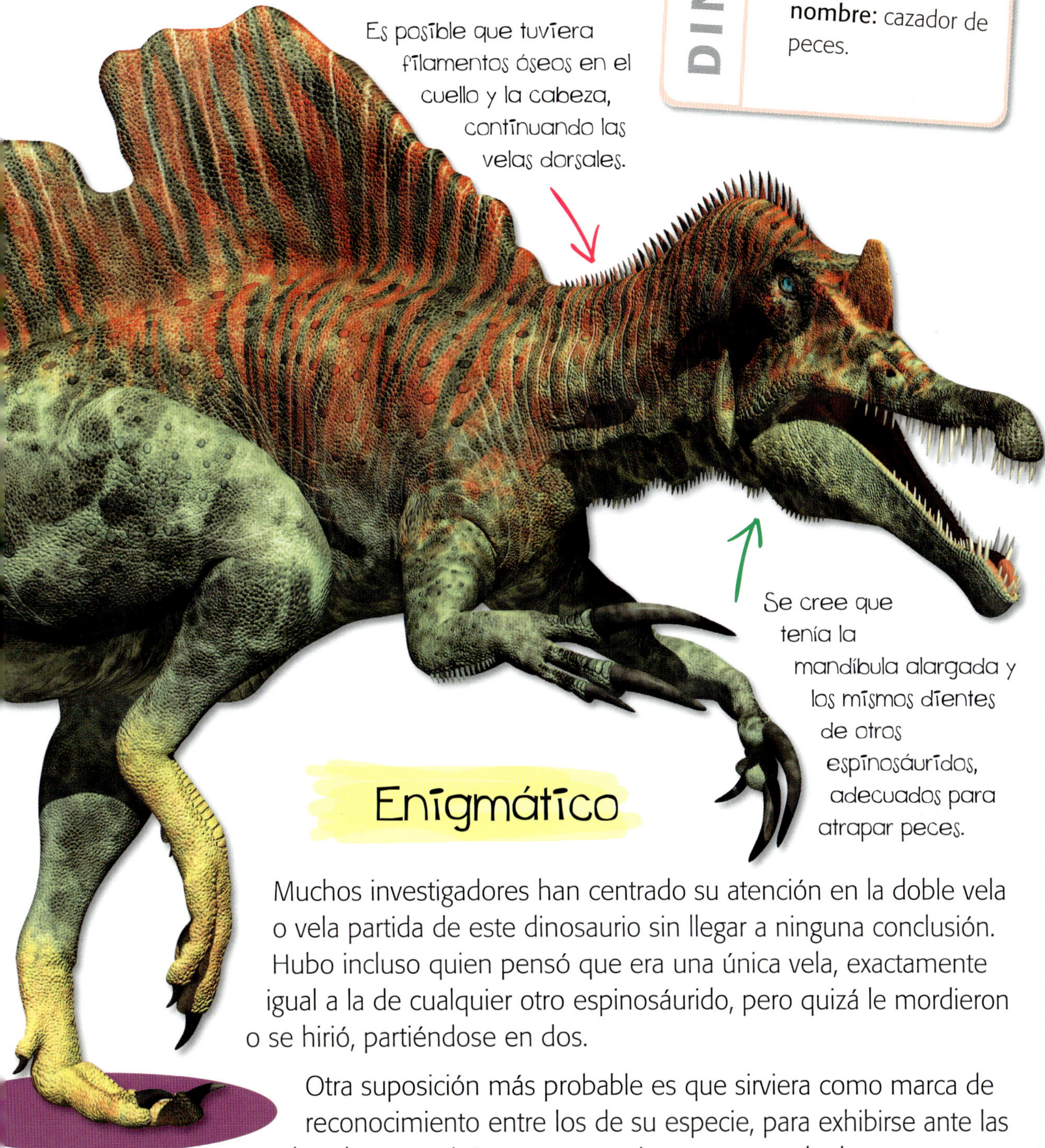

Enigmático

Muchos investigadores han centrado su atención en la doble vela o vela partida de este dinosaurio sin llegar a ninguna conclusión. Hubo incluso quien pensó que era una única vela, exactamente igual a la de cualquier otro espinosáurido, pero quizá le mordieron o se hirió, partiéndose en dos.

Otra suposición más probable es que sirviera como marca de reconocimiento entre los de su especie, para exhibirse ante las hembras o quizá como mecanismo para regular la temperatura.

Pelecanimimus

Excepcionalmente conservado. Así es como apareció el único resto conocido de este dinosaurio en el yacimiento de Las Hoyas, en Cuenca (España). Vivía en los bosques templados y húmedos en compañía de otros terópodos pequeños y de ejemplares de iguanodon.

Era mesozoica	
Periodo	Millones de años atrás
Cretácico	125

Cabezota

A juzgar por el tamaño de su cabeza, bien podía llamársele cabezota... Tenía un cráneo muy largo, estrecho, con la forma puntiaguda terminada en un gran pico.

Contaba además con unos ojos enormes y una curiosa cresta en la nuca que no se sabe para qué le servía. La cresta recuerda a un primitivo gallo... o mejor, a un pelícano, de cuyo parecido recibe su nombre.

Lo cierto es que la apariencia general de este dinosaurio es la de un inmenso pájaro corredor, como un avestruz o un ñandú, hecho que remite a la teoría evolutiva de que las aves tienen sus antecedentes en los dinosaurios.

Las patas traseras eran muy largas y parecidas a las de las aves corredoras, aunque no se conoce la velocidad que alcanzaba.

El cráneo del pelecanimimus era largo, estrecho y puntiagudo, y tenía los ojos muy grandes.

La cresta de la nuca era de queratina dura. Hay teorías que afirman que pudo tener un color llamativo y que servía como reclamo. Hoy en día, hay bastantes aves que presentan una cresta en la cabeza y generalmente sirve para distinguir a los machos de las hembras.

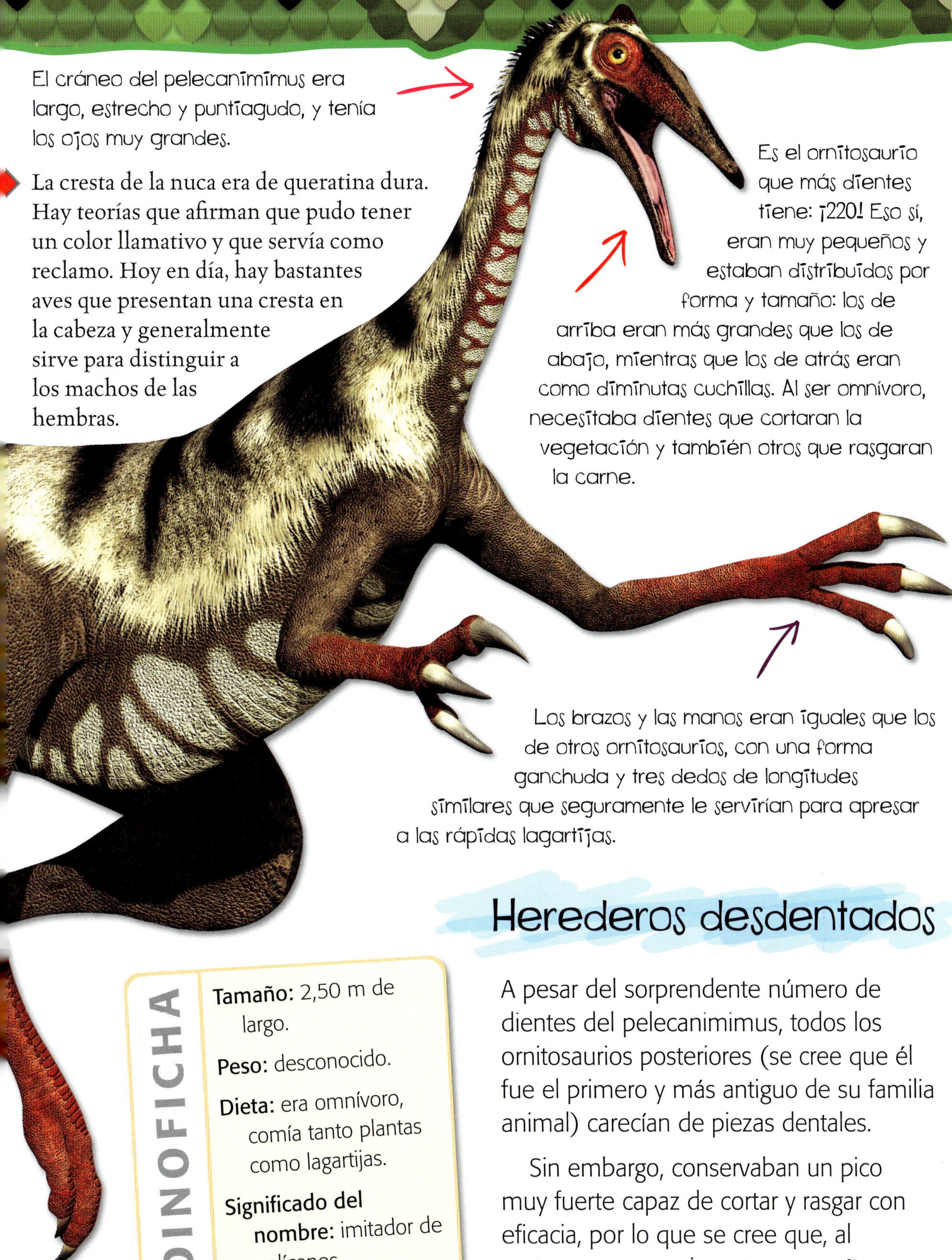

Es el ornitosaurio que más dientes tiene: ¡220! Eso sí, eran muy pequeños y estaban distribuidos por forma y tamaño: los de arriba eran más grandes que los de abajo, mientras que los de atrás eran como diminutas cuchillas. Al ser omnívoro, necesitaba dientes que cortaran la vegetación y también otros que rasgaran la carne.

Los brazos y las manos eran iguales que los de otros ornitosaurios, con una forma ganchuda y tres dedos de longitudes similares que seguramente le servirían para apresar a las rápidas lagartijas.

Herederos desdentados

DINOFICHA

Tamaño: 2,50 m de largo.

Peso: desconocido.

Dieta: era omnívoro, comía tanto plantas como lagartijas.

Significado del nombre: imitador de pelícanos.

A pesar del sorprendente número de dientes del pelecanimimus, todos los ornitosaurios posteriores (se cree que él fue el primero y más antiguo de su familia animal) carecían de piezas dentales.

Sin embargo, conservaban un pico muy fuerte capaz de cortar y rasgar con eficacia, por lo que se cree que, al empezar a comer insectos pequeños que podían ser tragados sin masticar, fueron desapareciendo los dientes en millones de años de evolución.

Se sabe que tenía la piel desnuda, sin escamas ni plumas.

Suchomimus

Imaginemos a un descomunal cocodrilo, un aligátor gigantesco que abre sus terribles fauces ante nosotros. Pues algo así debían sentir los peces de los grandes pantanos que ocupaban lo que hoy es África en el Cretácico cuando veían acercarse al suchomimus.

Depredador

Dado que era muy grande, se supone que debió de ser un depredador verdaderamente eficaz, pues necesitaba gran cantidad de alimento para mantener semejante corpulencia.

Era mesozoica

Periodo	Millones de años atrás
Cretácico	125-112

Era un dinosaurio de gran tamaño y su dedo pulgar presentaba una garra en forma de hoz, útil en la pesca y en la defensa.

DINOFICHA

Tamaño: 12 m de largo y 4 m de alto.

Peso: unos 6.000 kg.

Dieta: peces y otros animales acuáticos.

Significado del nombre: imitador de cocodrilo.

Tenía un hocico muy largo con los dientes curvados hacia atrás, especiales para atrapar peces.

Quizá la aleta era una cresta, pinchos o filamentos óseos que crecían sobre la cabeza.

Se ha conjeturado mucho con que el suchomimus debía de tener una aleta caudal como la de los espinosáuridos.

En total, podía tener unos 100 dientes y la forma de su hocico se abultaba por delante, donde presentaba una hilera de dientes mucho más largos que en el resto de la boca.

Zhenyuanopterus

El esqueleto del zhenyuanopterus hallado en China en 2010 es probablemente el pterosaurio mejor conservado de la historia de la Paleontología. Completo, articulado y con todos los detalles intactos, hizo las delicias de los investigadores que pudieron contemplar el ejemplar casi como si cobrara vida.

Todo el cráneo completo del zhenyuanopterus medía la escalofriante cifra de 50 cm: ¡casi más que el resto de su cuerpo!

- El zhenyuanopterus poseía una gran cresta en lo alto de la cabeza parecida a la que tienen algunas aves actuales, como las gallináceas. Su función se desconoce, aunque probablemente sirviera como mera exhibición física.

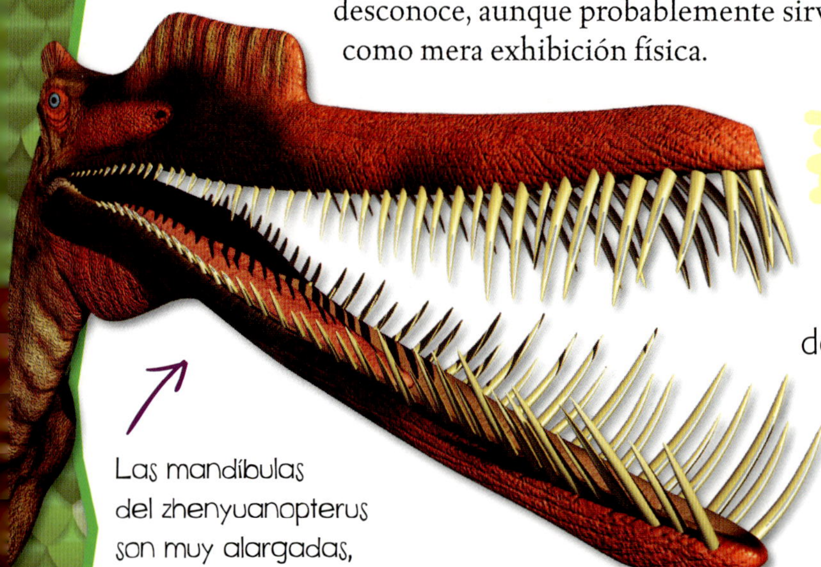

Las mandíbulas del zhenyuanopterus son muy alargadas, dejando un perfil bien extraño: con los ojos atrás, la cresta y un hocico largo y enorme repleto de dientes.

¡A mordiscos!

Este «encantador» animalito tenía en total ¡172 dientes! con forma de terribles agujas que podían alcanzar una longitud de hasta 5 cm.

Los dientes se distribuían en dos filas: 86 en el maxilar superior y otros 86 en el inferior, y los más largos estaban situados en la parte delantera, disminuyendo de tamaño según se iban acercando al cuello. Por su disposición, se presupone que se alimentaba de peces.

Era mesozoica

Periodo	Millones de años atrás
Cretácico	125-112

DINOFICHA

Tamaño: 4 m de envergadura alar.

Peso: unos 1.100 kg.

Dieta: peces y quizá otras presas pequeñas.

Significado del nombre: alado de Zhenyuan.

Poseía tres dedos en mitad del ala que surgía del alargamiento del cuarto dedo, igual que los otros pterosaurios.

Destaca el gran tamaño de sus alas, que hace deducir su capacidad para volar y planear, del mismo modo que los pterodáctilos.

De pesca

Seguramente, el zhenyuanopterus se dedicaba a sobrevolar las zonas acuáticas. Con su vista penetrante podría distinguir los peces que nadaran no muy lejos de la superficie y se lanzaría en un vuelo en picado para atraparlos con su formidable dentadura.

Pies enanos

Haciendo honor a su lugar de origen, China, el zhenyuanopterus tenía unas patas larguísimas que, sin embargo, terminaban en unos pies diminutos. Recordemos que en la antigua China existió la costumbre de vendar los pies a las mujeres para que parecieran más pequeños pues ese detalle se consideraba hermoso. Naturalmente, nadie le vendó los pies al zhenyuanopterus...

Hypsilophodon

Al principio, se pensó que el hypsilophodon era una especie de canguro arborícora que podía trepar a los árboles o vivir en ellos, pero por la forma de sus patas y su cola se comprobó que no era así y que tiene muchas más semejanzas con las aves.

El pico era parecido al de una tortuga. Estaba hecho con matería córnea para poder rasgar y partir plantas más resistentes y duras.

Era mesozoica

Periodo	Millones de años atrás
Cretácico	124

Este es uno de los dos únicos dinosaurios cuyos restos se han encontrado en lo que hoy es la Antártida. Sin embargo, se han localizado muchos más huesos en Europa y Estados Unidos.

DINOFICHA

Tamaño: 2 m de largo y 1 m de alto.

Peso: 70 kg.

Dieta: era hervíboro, comía hojas y ramas de coníferas.

Significado del nombre: dientes protuberantes.

Escala del hypsilophodon (comparado con un gallo y un ratón)

Ratón acorazado

Una peculiaridad de este dinosaurio era que poseía unas bolsas a los lados del rostro, a modo de carrillos caídos, donde almacenaba los alimentos que comía, del mismo modo que lo hacen los hámsters hoy día. Esas bolsas evitaban que la comida se cayera al masticar, lo que era muy frecuente entre los herbívoros de su época, que resultaban bastante poco educados a la hora de comer.

Además, se cree que tenía el cuerpo cubierto con una coraza de placas duras en el lomo, seguramente para defenderse de los mordiscos.

Corredor de fondo

Su esqueleto era muy poco pesado y su constitución tremendamente ágil. Estudiando la forma de sus patas, puede deducirse que es muy parecida a la de otros dinosaurios veloces y también recuerda bastante a las aves corredoras, como el avestruz. Se cree que podía alcanzar una velocidad de 45 km/h ¡la misma que la locomotora Rocket en 1830!

Es muy posible que su forma de vida fuera subsistir en manadas buscando pastos, para huir rápidamente ante la llegada de los depredadores, algo así como lo que hacen los antílopes.

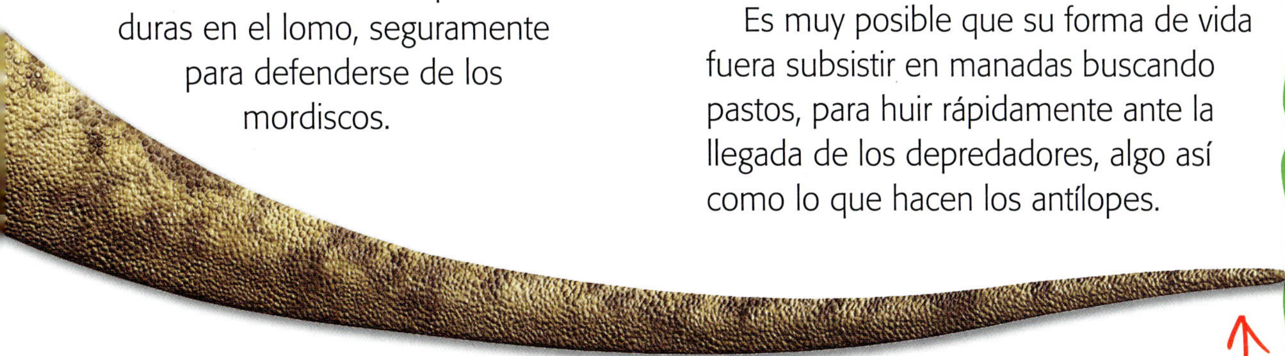

No tenían una garra dirigida hacia atrás para poder estar de pie en la rama de un árbol, como las aves, sino los dedos hacia delante terminados en garras.

Aunque la cola no era prensil y no le servía para colgarse de las ramas, sí era larga y flexible.

Deinonychus

Primo hermano del velociraptor, el deinonychus también destacaba por su velocidad, pero era mucho más grande y tenía un morro más corto y chato. Vivía en manadas con una estrategia para cazar, de manera que se arrojaban en grupo contra presas mucho más grandes.

Era mesozoica	
Periodo	Millones de años atrás
Cretácico	119-97

La cola del deinonychus era muy larga y de aspecto rígido. La llevaba siempre levantada para mantener el equilibrio al correr.

Es posible que tuviera plumas también en la cola, aunque más cortas y menos vistosas que las de los brazos.

Hienas gigantes

El deinonychus era lo que se llama un «depredador social»; es decir, nunca atacaba en solitario, como hace por ejemplo el tigre, sino que había desarrollado estrategias de caza para cooperar y así obtener mejores piezas entre todos, algo parecido a lo que hacen las hienas o los lobos. Se han encontrado restos de que muchas veces lograron cazar ejemplares de tenontosaurus, un herbívoro que llegaba a medir más de 6 metros, ¡el doble que el deinonychus!

Se cree que la escena de caza pudo desarrollarse de este modo: varios deinonychus rodeaban a la presa, saltaban a la vez sobre ella y le clavaban su gran garra retráctil. Luego, la devoraban con sus dientes.

Cada pie trasero tenía una enorme garra con forma de hoz con la que apuñalaba literalmente a sus presas.

La cabeza era enorme y dentro de la boca poseía 60 dientes afiladísimos y curvados hacia atrás. Para que la cabeza no pesara demasiado, el cráneo y la mandíbula tenían «ventanas» o agujeros en el hueso.

El cuello del deinonychus tenía forma de «S» y la cabeza recuerda a la de los dromedarios actuales.

¿Volador?

El deinonychus no podía volar, pero el movimiento de sus brazos poblados de plumas cuando trataba de matar presas más pequeñas era muy similar al comienzo de vuelo en muchas aves.

También cazaba en solitario y su técnica era similar a la de las águilas o los halcones: atrapaba una presa más pequeña que él con sus garras.

Las garras delanteras le ayudaban durante la caza y eran similares a las de las aves cazadoras.

Tenía los brazos cubiertos de plumas largas que debían servir para estabilizar al animal mientras cazaba.

DINOFICHA

Tamaño: 2-3 m de largo.

Peso: 50-70 kg.

Dieta: grandes herbívoros como el tenontosaurus.

Significado del nombre: garra terrible.

Spinosaurus

Seguramente fue el dinosaurio carnívoro más grande que existió, mayor aún que el famoso tiranosaurio. Se cree que usó la fuerza de su mandíbula como una trampa sobre sus víctimas.

Poseía espinas a lo largo del lomo que iban haciéndose más grandes según se acercaban a la cabeza.

Jorobado

La característica principal del spinosaurus era la gran vela o aleta que le recorría toda la espalda. Ese perfil peculiar de jorobado le distingue de los demás carnívoros. La vela estaba compuesta de largas espinas rígidas que probablemente sostenían una capa de piel y que en su máxima longitud pudieron llegar a medir... ¡2 metros!

Su función era termorreguladora; es decir, funcionaba como un panel solar que distribuía el calor del sol por su cuerpo para calentarle, o que captaba el viento para enfriarlo. Es posible que también sirviera para exhibirse ante otros ejemplares.

Las fuertes patas traseras le permitían correr bastante deprisa a pesar de su gran envergadura y su peso.

Era mesozoica

Periodo	Millones de años atrás
Cretácico	112-97

DINOFICHA

Tamaño: 12-18 m de largo y 5 m de alto.

Peso: 7.000-20.000 kg.

Dieta: peces y otros dinosaurios.

Significado del nombre: lagarto de espina.

La gran vela podía adquirir distintas coloraciones cuando el spinosaurus quería lucirse delante de las hembras.

Su mandíbula era estrecha y alargada con dientes cónicos, no afilados. Se cree que tragaba sus presas prácticamente enteras, sin masticarlas.

Las manos tenían garras fuertes y eran bastante largas. Con ellas se ayudaba en la caza.

Restos bombardeados

Los primeros restos del spinosaurus se encontraron en Egipto cuando el paleontólogo alemán Ernst Stromer los halló a comienzos del siglo XX. Desgraciadamente, algunos huesos se deterioraron durante el viaje desde Egipto a Múnich y el resto no sobrevivió a la Segunda Guerra Mundial: fueron bombardeados por los aliados en 1944.

Afortunadamente para los investigadores, se encontraron otros restos de spinosaurus a finales del siglo XX en Marruecos, Argelia y Túnez.

Sauropelta

Este gran hervíboro gozaba de una defensa personal extraordinaria, con sus dos hileras de espinas en el cuello y el cuerpo endurecido con placas óseas. Claro que necesitaba el cuerpo blindado porque era un dinosaurio excepcionalmente lento y torpe, sin garras defensivas y con una dentadura prácticamente inservible.

Era mesozoica	
Periodo	Millones de años atrás
Cretácico	110-99

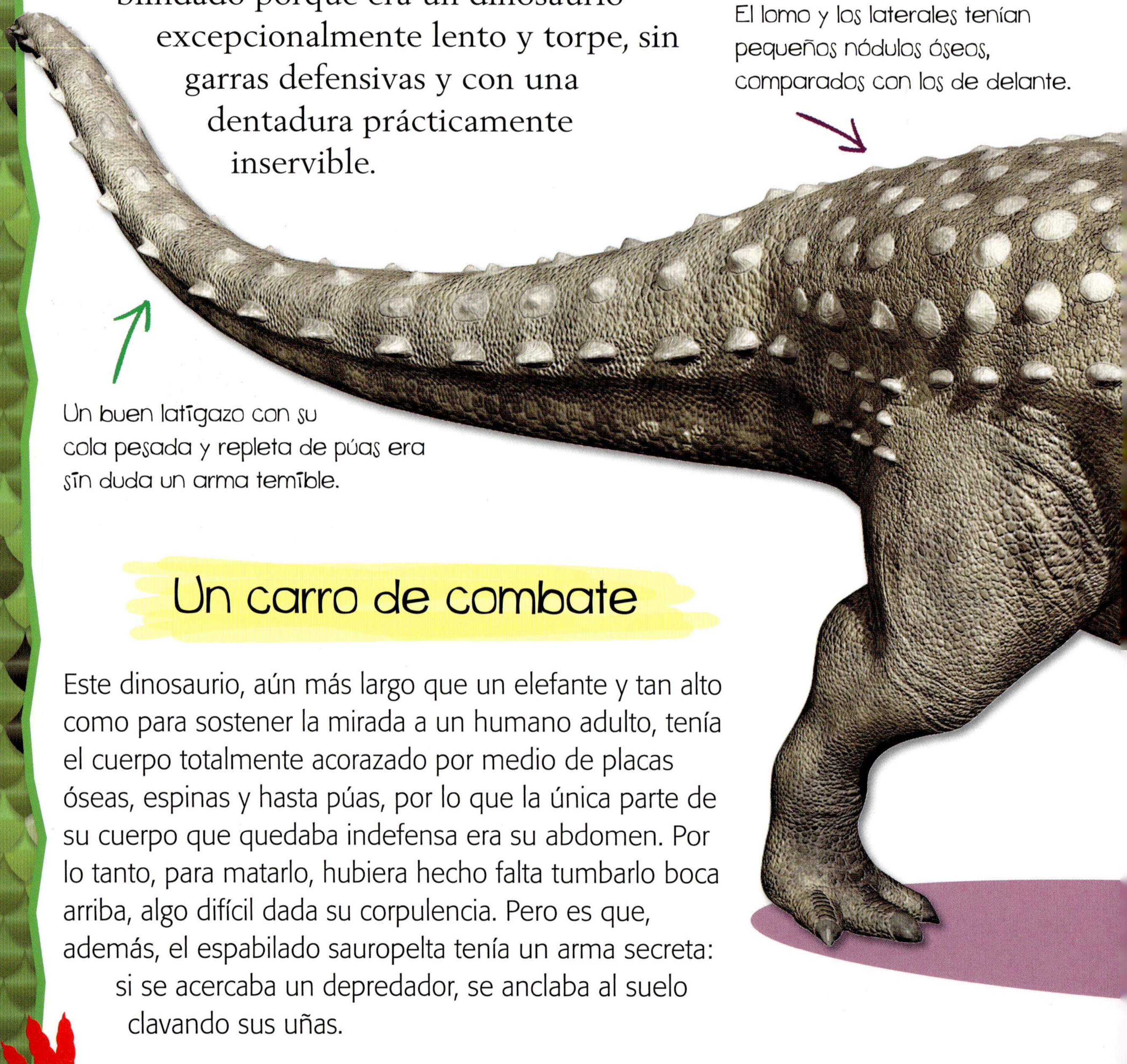

El lomo y los laterales tenían pequeños nódulos óseos, comparados con los de delante.

Un buen latigazo con su cola pesada y repleta de púas era sin duda un arma temible.

Un carro de combate

Este dinosaurio, aún más largo que un elefante y tan alto como para sostener la mirada a un humano adulto, tenía el cuerpo totalmente acorazado por medio de placas óseas, espinas y hasta púas, por lo que la única parte de su cuerpo que quedaba indefensa era su abdomen. Por lo tanto, para matarlo, hubiera hecho falta tumbarlo boca arriba, algo difícil dada su corpulencia. Pero es que, además, el espabilado sauropelta tenía un arma secreta: si se acercaba un depredador, se anclaba al suelo clavando sus uñas.

Los restos de sauropelta se han encontrado en Estados Unidos, muchos de ellos en los territorios donde se encuentra la reserva de los indios Crow, en Montana, que eran enemigos de los sioux y en ocasiones se aliaron con el hombre blanco.

Escala del sauropelta (comparado con un homo sapiens)

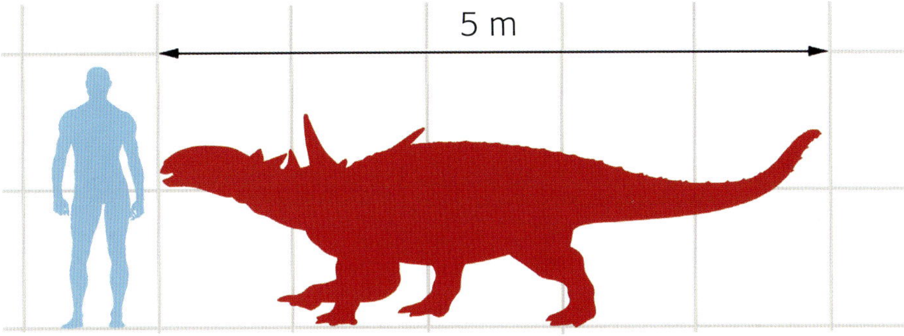

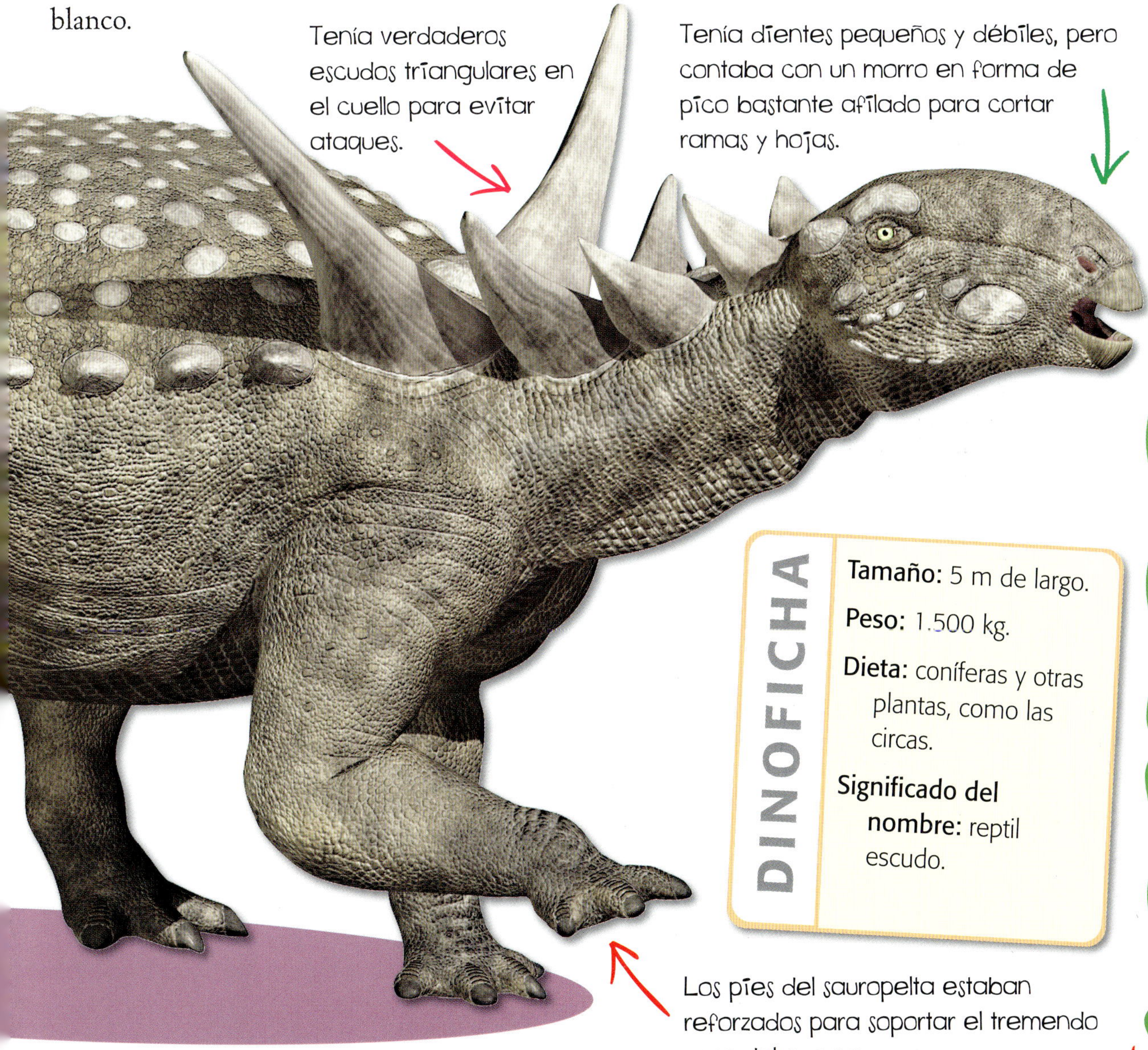

Tenía verdaderos escudos triangulares en el cuello para evitar ataques.

Tenía dientes pequeños y débiles, pero contaba con un morro en forma de pico bastante afilado para cortar ramas y hojas.

DINOFICHA

Tamaño: 5 m de largo.

Peso: 1.500 kg.

Dieta: coníferas y otras plantas, como las circas.

Significado del nombre: reptil escudo.

Los pies del sauropelta estaban reforzados para soportar el tremendo peso del cuerpo.

DINOFICHA	
	Tamaño: 16 m de largo y 2,50 m de alto.
	Peso: entre 15.000 y 20.000 kg.
	Dieta: plantas como los helechos.
	Significado del nombre: reptil del río Diamantina.

Al diamantinasaurus se le puso como apodo «Matilda», en referencia a que sus restos fueron encontrados en Australia, donde la canción popular titulada *Waltzing Matilda* ha sido propuesta incluso como himno nacional.

Este dinosaurio tenía unos dientes totalmente inofensivos, con forma de cuchara, que solo le servían para arrancar las plantas.

En manadas

Al no haberse hallado ni el cráneo ni la dentadura de este dinosaurio, no se sabe con seguridad cuál era su dieta, aunque lo más probable es que fueran plantas que sí se sabe que había en la zona australiana, como coníferas y helechos.

Casi todo lo que se conoce de él es por términos comparativos con otros titanosaurios, que tienen en común un largo cuello y una cabeza muy pequeña, además de las características placas óseas en el lomo. Tenían una conducta gregaria, es decir, vivían en manadas, e incluso se sabe que eran vivíparos, o sea, que no nacían de un huevo, como casi todos los dinosaurios.

Diamantinasaurus

Poco se sabe a ciencia cierta del diamantinasaurus, ya que solo se han encontrado algunos huesos, en concreto un omoplato, parte del esternón y las patas traseras y delanteras, además de las caderas y las costillas, por lo que todo lo demás es el producto de las conjeturas científicas después de las reconstrucciones de su esqueleto y de compararlo con otros herbívoros parecidos.

Era mesozoica

Periodo	Millones de años atrás
Cretácico	98-95

Existen teorías acerca de que el diamantinasaurus poseía una pequeña armadura en el lomo con placas óseas, pero están sin confirmar.

Quizá su cola le sirvió de trípode para ayudar a las patas traseras a sostener el cuerpo.

Extraño pez

Es muy posible que el diamantinasaurus fuera un dinosaurio semiacuático que viviera mucho tiempo dentro del agua y muy cercano a esta. Algo así como la vida que llevan actualmente los hipopótamos.

Su hábitat natural era una inmensa llanura fluvial del río Diamantina (Australia), con pantanos, lagos, estuarios y piscinas naturales de agua dulce donde este gran dinosaurio podía revolcarse a sus anchas.

Giganotosaurus

Con un tamaño superior al del terrorífico tiranosaurio, este gran depredador y carroñero habitó en lo que hoy es Sudamérica en bosques donde se escondía para sorprender a sus presas y atraparlas con sus grandes garras para después matarlas con sus poderosas fauces. Es posible también que cazara en grupo.

La cola, como a otros muchos terópodos, le servía como contrapeso para mantener el equilibrio en su posición bípeda.

DINOFICHA

Tamaño: 13 m de largo y 4 m de alto.

Peso: de 6.000 a 13.000 kg.

Dieta: otros dinosaurios.

Significado del nombre: reptil gigante del viento del sur.

Era mesozoica	
Periodo	Millones de años atrás
Cretácico	96

Cazador lento

Con su gran peso y tamaño, el giganotosaurus tenía unas patas traseras muy fuertes para poderse sostener, pero los huesos que se han encontrado han puesto al descubierto que tenía el fémur más largo que la tibia, característica que lleva a pensar a los científicos que no fue precisamente un gran corredor, sino un depredador lento que tuvo que cazar utilizando la estrategia de la emboscada.

Tenía un cuello de musculatura muy poderosa, puesto que debía sostener una cabeza enorme de 1,80 m... ¡la altura de un hombre adulto!

Tenía un cerebro minúsculo, ¡pero suficiente para resultar aterrador!

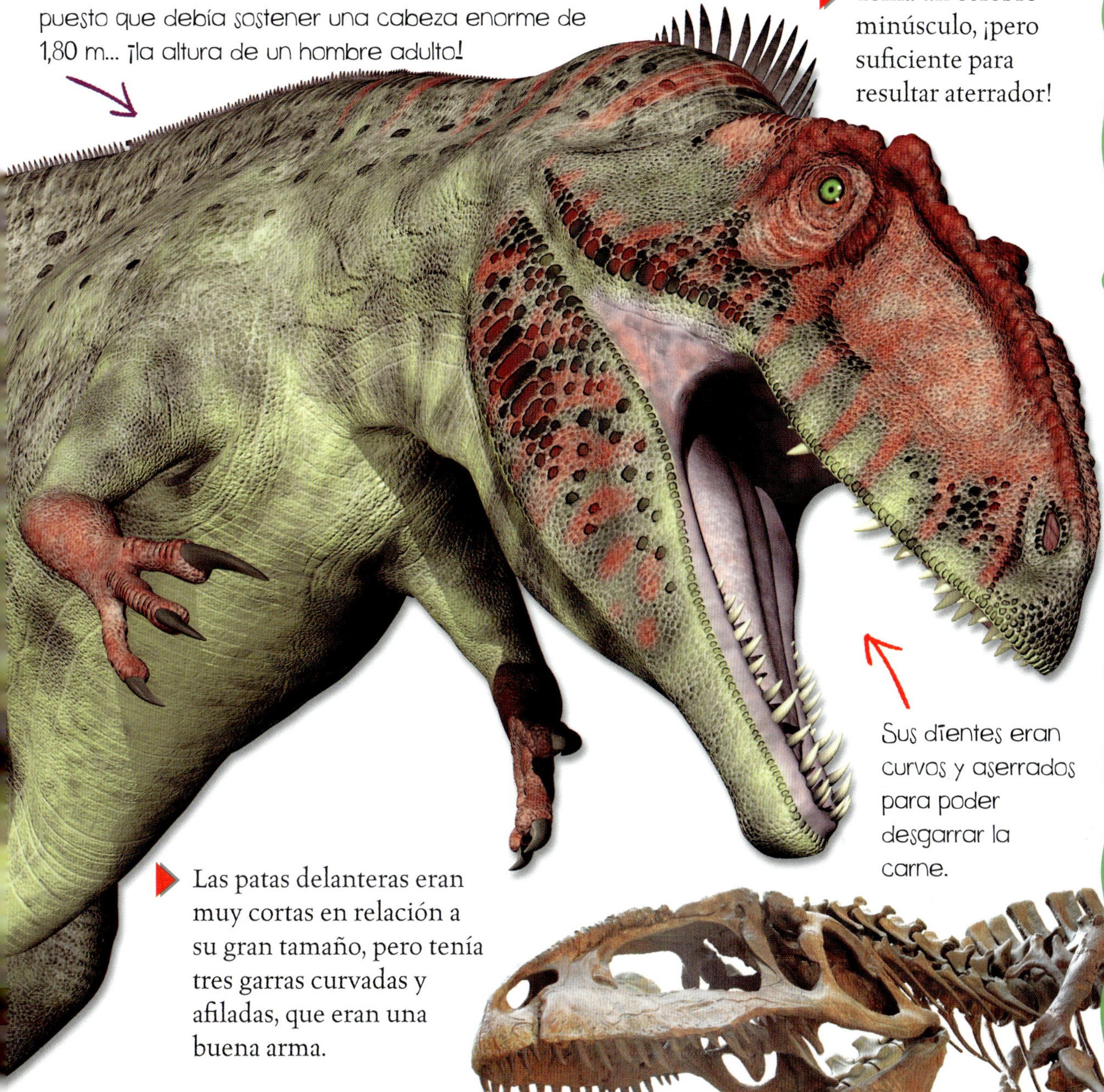

Sus dientes eran curvos y aserrados para poder desgarrar la carne.

Las patas delanteras eran muy cortas en relación a su gran tamaño, pero tenía tres garras curvadas y afiladas, que eran una buena arma.

El cráneo completo encontrado en Argentina ha permitido saber que podía reemplazar los dientes que perdía al masticar.

Restos completos

Se encontró un ejemplar de giganotosaurus en la Patagonia argentina que contenía el 70% de los huesos en muy buen estado, y más tarde un segundo ejemplar. Estos hallazgos permitieron estudiarlo en profundidad.

Talarurus

A pesar de su aspecto de caballero medieval con armadura, este dinosaurio era un pacífico animal que pastaba las plantas que crecían en la parte baja de lo que hoy es el desierto de Gobi, en Mongolia. Es un dinosaurio muy particular e inconfundible del que se han encontrado al menos cinco esqueletos casi completos.

DINOFICHA

Tamaño: 5 m de largo y 1,80 m de alto.

Peso: desconocido.

Dieta: plantas y matorrales bajos.

Significado del nombre: cola en cresta.

Cabezota

La cabeza del talarurus, de casi 1 m, tenía forma cúbica y la llevaba casi a ras de suelo. Estaba protegida por nódulos óseos y placas por encima de los párpados.

Tenía también un pico duro con el que arrancaba las plantas y, sobre todo, un sentido del olfato excepcional que le permitía detectar a cualquier carnívoro con tiempo para huir de él rápidamente.

Era mesozoica	
Periodo	Millones de años atrás
Cretácico	90

Atacar a un talarurus hubiera sido como atacar a un tanque, por lo que se cree que no tuvo demasiados problemas con los depredadores.

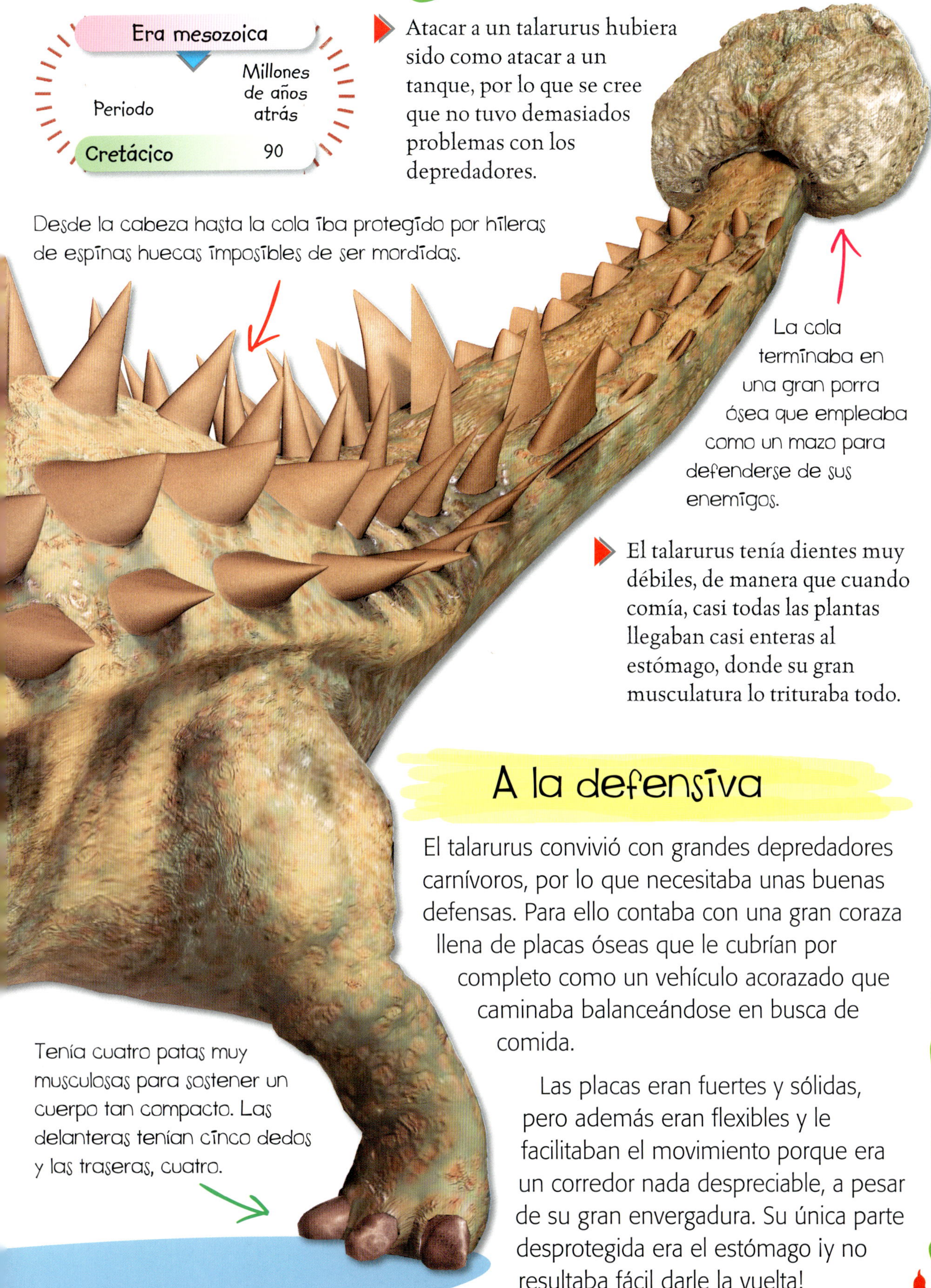

Desde la cabeza hasta la cola iba protegido por hileras de espinas huecas imposibles de ser mordidas.

La cola terminaba en una gran porra ósea que empleaba como un mazo para defenderse de sus enemigos.

El talarurus tenía dientes muy débiles, de manera que cuando comía, casi todas las plantas llegaban casi enteras al estómago, donde su gran musculatura lo trituraba todo.

A la defensiva

El talarurus convivió con grandes depredadores carnívoros, por lo que necesitaba unas buenas defensas. Para ello contaba con una gran coraza llena de placas óseas que le cubrían por completo como un vehículo acorazado que caminaba balanceándose en busca de comida.

Las placas eran fuertes y sólidas, pero además eran flexibles y le facilitaban el movimiento porque era un corredor nada despreciable, a pesar de su gran envergadura. Su única parte desprotegida era el estómago ¡y no resultaba fácil darle la vuelta!

Tenía cuatro patas muy musculosas para sostener un cuerpo tan compacto. Las delanteras tenían cinco dedos y las traseras, cuatro.

Albertaceratops

La manera que tenía el albertaceratops para blindarse y protegerse de los carnívoros era poseer una gran placa ósea a modo de corona alrededor del cuello, un lugar especialmente frágil donde solían morder los depredadores para causar la muerte inmediata. Además, tenía dos cuernos sobre la corona y otros dos sobre los ojos.

Era mesozoica	
Periodo	Millones de años atrás
Cretácico	84-71

Muy original

El perfil del albertaceratops es diferente al de los otros ceratópsidos porque normalmente tenían dos cuernos cortos sobre los ojos y otro cuerno sobre la nariz, mientras que él poseía dos cuernos muy largos por encima de los ojos y carecía de cuerno nasal.

La corona que bordea el cuello también se llama volante y de él sobresalen otros picos y ganchos también óseos, entre los que destacan unos cuernos curvados hacia atrás que no se sabe para qué le servían, quizá solo para exhibirse ante las hembras.

La piel que le cubría el cuerpo debió ser muy gruesa y rugosa, parecida a la de los elefantes o rinocerontes.

Restos fósiles

Casi todo lo que se sabe del albertaceratops es a través del hallazgo de dos cráneos encontrados en Alberta (Canadá) y en Montana (Estados Unidos), junto al río Milk. Uno de los cráneos estaba casi completo y el otro complementó la información.

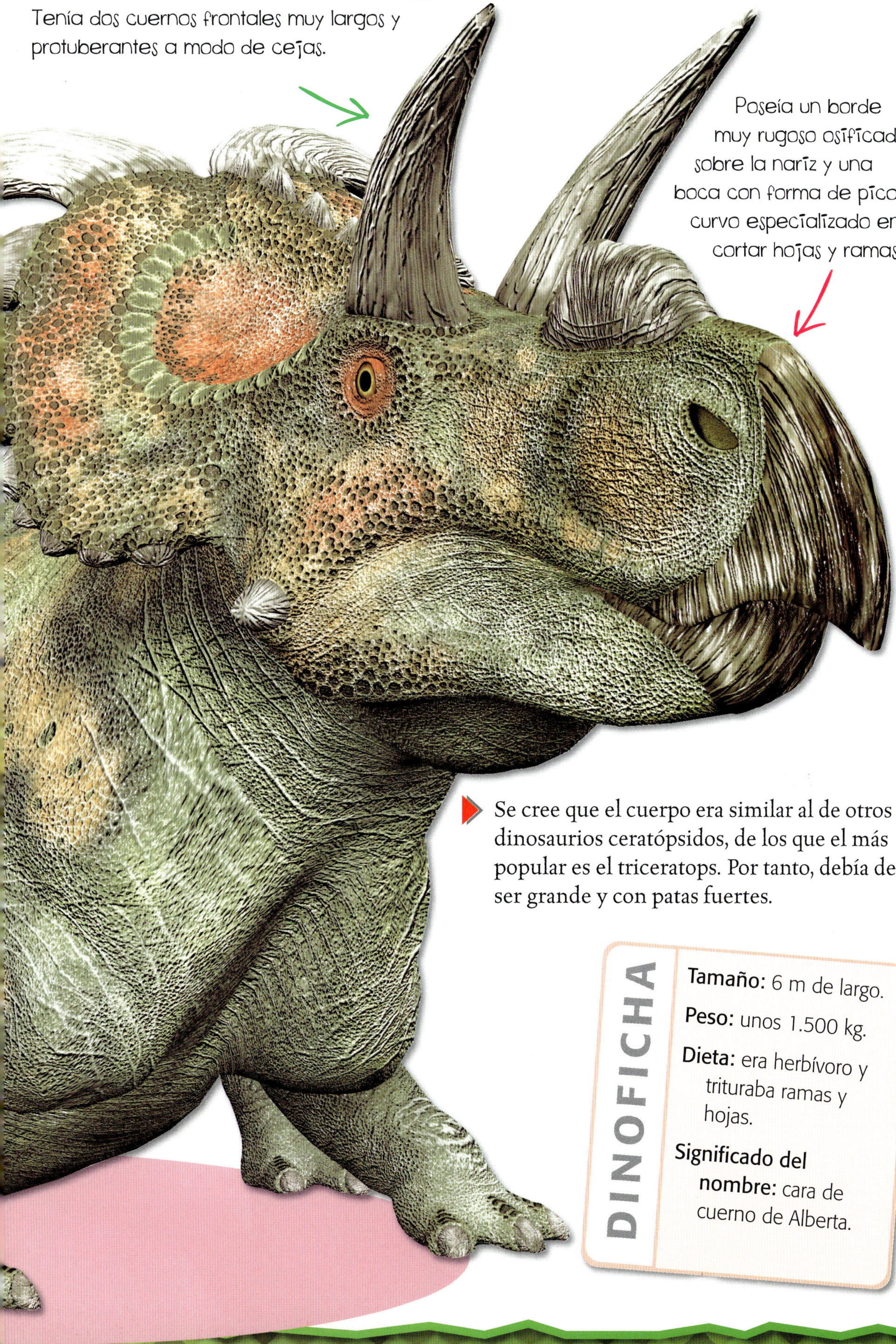

Se cree que el cuerpo era similar al de otros dinosaurios ceratópsidos, de los que el más popular es el triceratops. Por tanto, debía de ser grande y con patas fuertes.

DINOFICHA

Tamaño: 6 m de largo.

Peso: unos 1.500 kg.

Dieta: era herbívoro y trituraba ramas y hojas.

Significado del nombre: cara de cuerno de Alberta.

Cresta peculiar

Lo más distintivo del citipati era la cresta, grande y poblada, que tenía sobre la cabeza, aunque no se sabe su utilidad.

Los casuarios que habitan hoy día en Australia y Nueva Guinea tienen una cresta muy similar y un comportamiento a veces parecido al que se presupone en un dinosaurio: son agresivos y pueden llegar a matar a una persona saltando sobre ella y usando sus garras como arma.

El cráneo era muy pequeño y terminaba en un pico fuerte, pero sin dientes. Se ha pensado que con su pico podía abrir los huevos de otros dinosaurios y comérselos.

Tenía un cuello bastante largo, al igual que muchas aves corredoras. Estaba cubierto de plumas y desde luego parece un pariente muy cercano de las aves.

Se cree que tenía plumas, sobre todo en la parte frontal y las patas delanteras, para dar calor a sus huevos.

DINOFICHA

Tamaño: 3 m de largo.

Peso: unos 225 kg.

Dieta: era carnívoro; comía otros dinosaurios y huevos.

Significado del nombre: señor fúnebre de la hoguera.

Citipati

Con toda la apariencia de un ave, el citipati era muy similar a los actuales emúes. Su nombre se refiere a la mitología tibetana en la que los citipatis son dos monjes budistas que fueron asesinados y se representan como dos esqueletos que danzan frente al fuego. El buen estado de conservación de los huesos recordaba a este episodio.

Era mesozoica	
Periodo	Millones de años atrás
Cretácico	83-71

La cola era más corta que en otros dinosaurios similares y se cree que estaba emplumada; probablemente era de colores vivos.

Big Momma

Big Momma es el apodo que se puso al fósil de citipati más famoso de los que se han encontrado. Significa «gran mamá» o «gran abuela» y se le dio porque estaba en posición de anidación. Se han encontrado hasta cuatro ejemplares de citipati que estaban así: sobre el nido e incubando sus huevos con las patas extendidas simétricamente a los lados, del mismo modo que lo hacen muchas de las aves modernas.

Se han estudiado los huevos de citipati, que se parecen a los de los avestruces. Se cree que ponían unos 20 o 22 huevos y que cada uno podía medir hasta 18 cm de longitud.

Einiosaurus

Einio era el nombre que los indios Pies Negros le daban al bisonte y, realmente, este dinosaurio parece su primo hermano. Todos los esqueletos que se han encontrado son de Montana (Estados Unidos) y se pueden ver en el Museo de las Rocosas. Son muchos ejemplares que se hallaron en el interior de una cueva.

Era mesozoica	
Periodo	Millones de años atrás
Cretácico	83-71

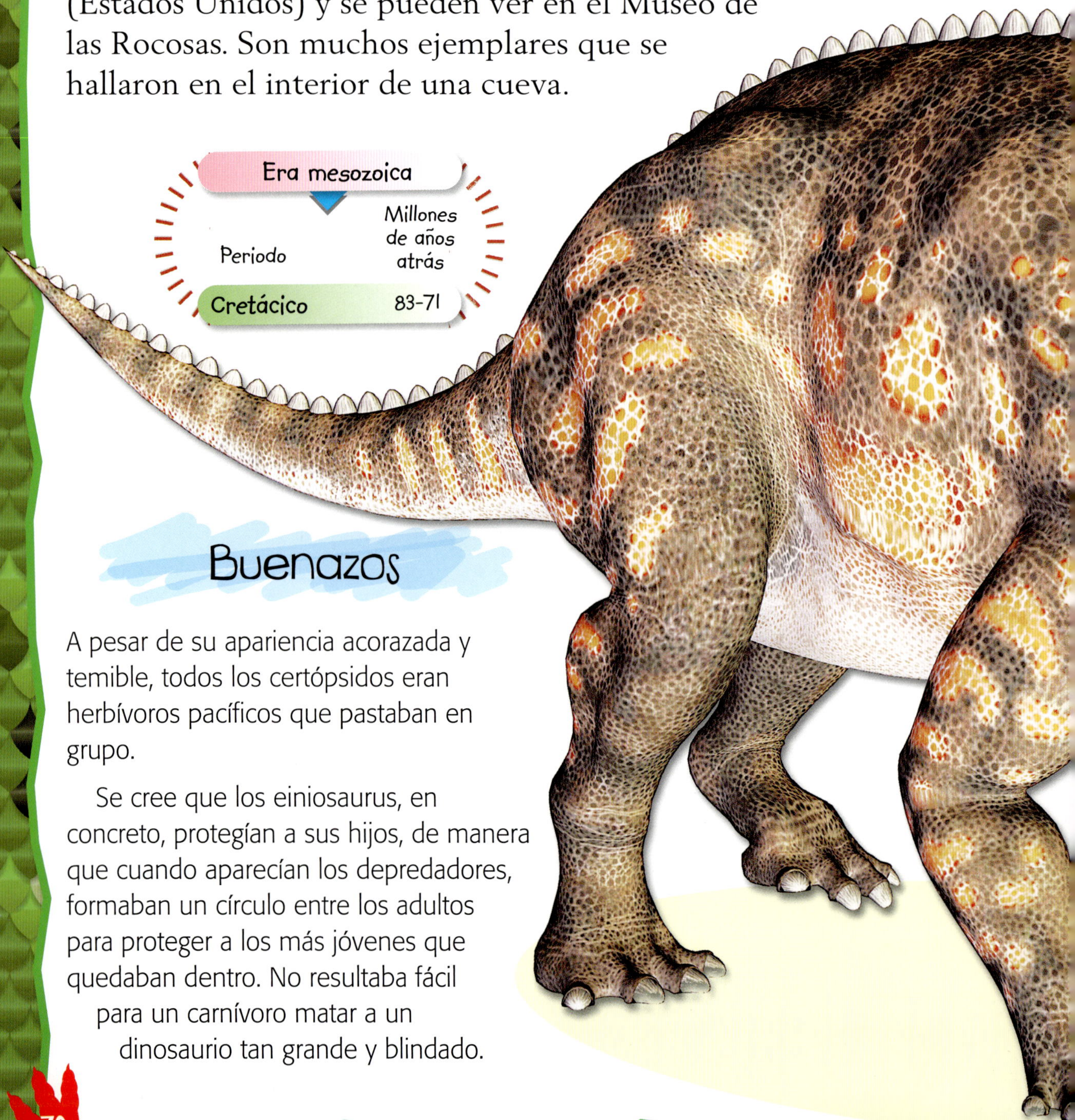

Buenazos

A pesar de su apariencia acorazada y temible, todos los certópsidos eran herbívoros pacíficos que pastaban en grupo.

Se cree que los einiosaurus, en concreto, protegían a sus hijos, de manera que cuando aparecían los depredadores, formaban un círculo entre los adultos para proteger a los más jóvenes que quedaban dentro. No resultaba fácil para un carnívoro matar a un dinosaurio tan grande y blindado.

Además del cuerno nasal, tenía una gola, volante o funda ósea sobre el cuello desde la que sobresalían hacia atrás dos largas espinas o cuernos y varias filas de bultos rugosos sobre el lomo y el volante que cumplían una función defensiva.

Lo más característico del einiosaurus es el cuerno nasal curvado hacia abajo, aunque se sabe que solo lo tenían los adultos y no los ejemplares más jóvenes.

Para poder rasgar y masticar las ramas y plantas más duras, el einiosaurus poseía un fuerte pico como el de un loro y una dentadura compleja.

En familia

Se sabe que los einiosaurus eran gregarios, es decir, les gustaba vivir en manadas o familias que pastaban y se desplazaban todas juntas, con unas costumbres de vida muy parecidas a las que tienen los actuales bisontes de las grandes llanuras estadounidenses. Esto les distingue de otros dinosaurios similares, como el torosaurus, que prefería la soledad.

DINOFICHA

Tamaño: 6 m de largo.

Peso: desconocido.

Dieta: era herbívoro, comía pastos y todo tipo de plantas.

Significado del nombre: lagarto búfalo.

Poseía un pico ancho, parecido al de los patos y una dentadura específica para romper las ramas y comer frutas.

La espectacular cresta característica ha hecho famoso a este dinosaurio, pero su utilidad ha vuelto loca a la comunidad científica que planteó todo tipo de posibilidades respecto a su sistema respiratorio.

DINOFICHA

Tamaño: 12 m de largo.

Peso: unos 2.500 kg.

Dieta: todo tipo de vegetales, como coníferas y helechos.

Significado del nombre: cercano al lagarto crestado.

Cuando se sostenía sobre dos patas, llegaba a alcanzar hasta 4 m de altura. Sus patas delanteras eran cortas y tenían una función muy limitada.

Muy ruidoso

La cresta realmente le servía a modo de megáfono: amplificaba los bramidos o mugidos que daba para que se oyeran mejor. De este modo, usaba el sonido para relacionarse con los suyos y avisarse entre sí de los posibles peligros.

Se sabe que las hembras tenían crestas más pequeñas y, por tanto, su voz sonaba más aguda.

Las patas delanteras tenían cuatro dedos y no se sabe si terminaban con garras o con una especie de pezuñas.

Parasaurolophus

El parasaurolophus era un pequeño atleta capaz de sostenerse a cuatro patas para buscar alimento en zonas bajas o en postura bípeda para alcanzar ramas altas. Pero es que también podía zambullirse en el agua y nadar a gran velocidad.

Era mesozoica

Periodo	Millones de años atrás
Cretácico	83-71

Gran nadador

Su cola podía funcionar como una gran aleta caudal, ya que cuando nadaba, podía moverla a un lado y a otro del mismo modo que la cola de un pez y así huir de los depredadores que no podían alcanzarle. Era capaz de nadar durante mucho tiempo y grandes distancias, llegando hasta aguas más profundas imposibles de alcanzar por sus perseguidores.

Se ha llegado a pensar que podía utilizar su cresta como tubo respiratorio para bucear, aunque esto es imposible pues la cresta carecía de orificio en la parte superior y no hubiera podido pasar el aire por ella.

Euoplocephalus

El euoplocephalus fue otro pacífico herbívoro que necesitaba un buen blindaje protector. Si algún depredador lo acosaba, se encogía sobre sí mismo, como hace el erizo, convirtiéndose en una pelota dura llena de pinchos, imposible de atacar.

Era mesozoica	
Periodo	Millones de años atrás
Cretácico	83-65

Un rompecabezas

Las protecciones de este dinosaurio son verdaderamente originales, pues presentan distintos esquemas y formas respecto de los demás. Por ejemplo, las hay con estructura de disco y las hay planas, pero también con forma de púas de diferentes grosores.

Lo que sí tiene en común con otros de su especie es que las placas se disponen en hileras y disminuyen según se van acercando a la cola. Para rematar, tenía una porra de hueso duro en la cola capaz de derribar de un golpe a dinosaurios enormes como el tiranosaurio.

DINOFICHA

Tamaño: 6 m de largo y 2 m de alto.

Peso: unos 2.000 kg.

Dieta: plantas bajas, cercanas a su estatura.

Significado del nombre: cabeza bien acorazada.

Un gourmet

Este dinosaurio pastaba tranquilamente, ya que tenía pocos enemigos, pero a pesar de su sólida apariencia, su mandíbula era extremadamente frágil, con un pico sin dientes que apenas le permitía mordisquear las plantas y frutos más blandos, como bayas o brotes.

Lo que sí resulta sorprendente es que, con toda esa coraza, era bastante ágil y podía correr a cierta velocidad si algo lo asustaba o le interrumpía en mitad de su comida.

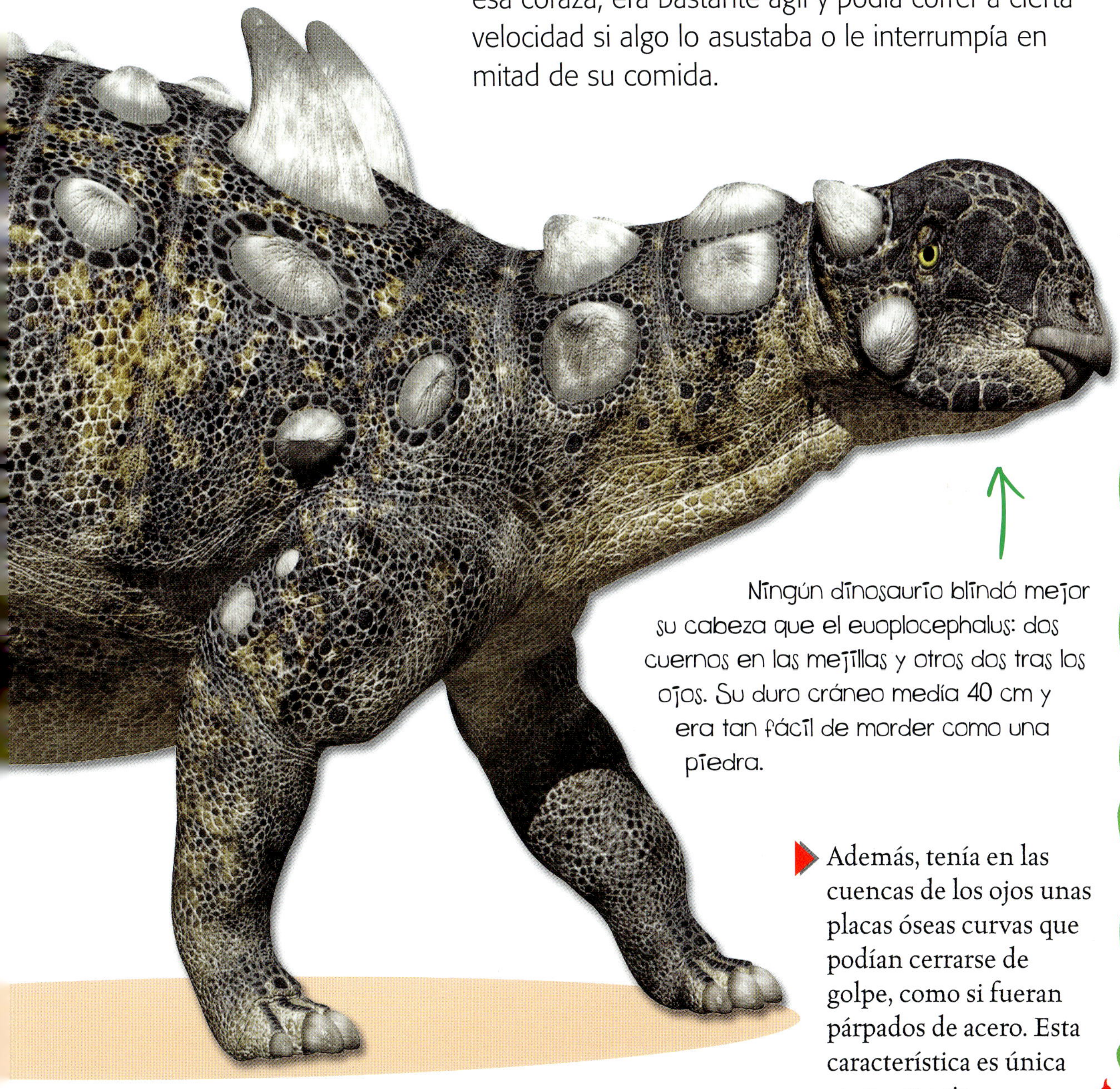

Ningún dinosaurio blindó mejor su cabeza que el euoplocephalus: dos cuernos en las mejillas y otros dos tras los ojos. Su duro cráneo medía 40 cm y era tan fácil de morder como una piedra.

Además, tenía en las cuencas de los ojos unas placas óseas curvas que podían cerrarse de golpe, como si fueran párpados de acero. Esta característica es única en su especie.

Como muchos grandes herbívoros, tenía un característico cuello largo con el que alcanzaba las plantas más altas y así no tenía competidores por la comida.

Acorazado

Es bastante extraño que un gran herbívoro tenga armadura, pero el increíble titanosaurus poseía una muy eficaz: tenía el lomo y la cola llenos de placas óseas protectoras.

Con esa coraza y su gran tamaño, era más difícil que los depredadores le atacaran, aunque la parte inferior del cuello y del estómago quedaban expuestos a sus fauces.

Minititanosaurus

Se han encontrado huevos de titanosaurus que incluso dejan ver los embriones de su interior. Estos restos fosilizados han permitido saber que eran ovíparos y cómo evolucionaban desde el momento del nacimiento hasta el estadio adulto. De esta forma se ha descubierto que podían aumentar ¡30.000 veces! su peso hasta alcanzar su tamaño definitivo.

DINOFICHA

Tamaño: 13 m de largo.

Peso: 13.000 kg.

Dieta: era herbívoro y comía plantas de su altura.

Significado del nombre: lagarto titánico.

Huevos fosilizados

Titanosaurus

Tres jugadores de baloncesto subidos uno encima de otro apenas hubieran alcanzado el lomo del gigantesco titanosaurus, un gran herbívoro que se paseaba por lo que hoy es la India y parte de Europa.

Era mesozoica

Periodo	Millones de años atrás
Cretácico	83-65

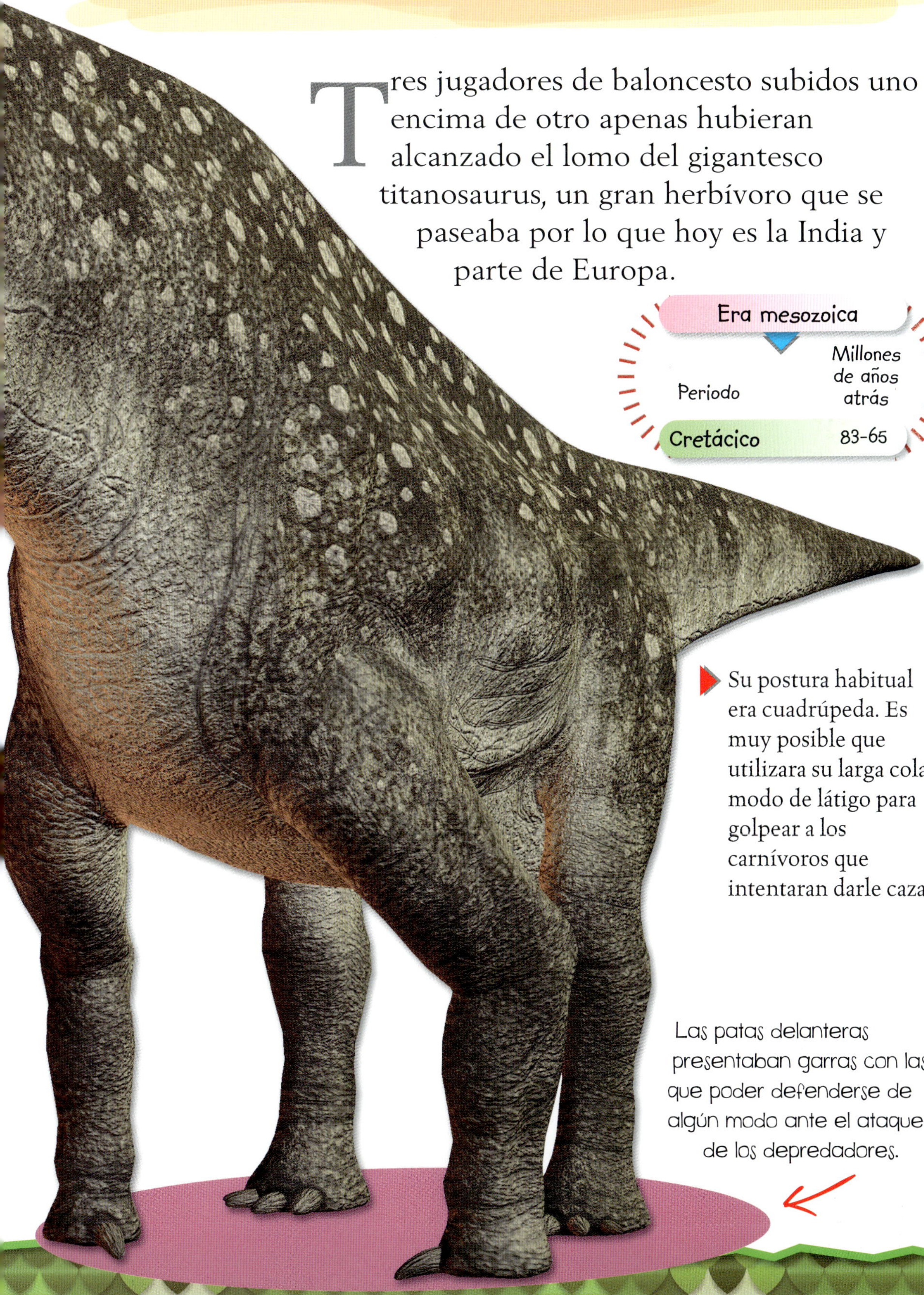

Su postura habitual era cuadrúpeda. Es muy posible que utilizara su larga cola a modo de látigo para golpear a los carnívoros que intentaran darle caza.

Las patas delanteras presentaban garras con las que poder defenderse de algún modo ante el ataque de los depredadores.

Elasmosaurus

Cuando parte de Norteamérica estaba cubierta por las aguas poco profundas del mar Niobraran, el elasmosaurus aprovechaba su cuerpo totalmente aerodinámico para surcar sus aguas en busca de comida.

Tenía un cuello extremadamente largo con más de 70 vértebras cervicales.

DINOFICHA

Tamaño: 14 m de largo.

Peso: 2.000 kg.

Dieta: peces óseos parecidos a los calamares y moluscos.

Significado del nombre: placa delgada.

Era mesozoica	
Periodo	Millones de años atrás
Cretácico	80

Sus dientes finos y alargados le permitían romper los caparazones de los moluscos.

¡Aterrador!

El elasmosaurus se quedaba camuflado en el fondo marino vigilando con sus malignos ojillos hacia arriba. Al avistar peces pequeños desprevenidos, con seguridad movía su largo cuello sigilosamente, como una serpiente, abriendo sus fauces para devorarlos desde abajo.

Solo el cuello medía unos 8 m, de manera que el resto del cuerpo alcanzaba unos 6 m.

Las aletas eran muy rígidas y solo servían para impulsarse al nadar.

La cabeza y los hombros eran el timón que dirigían al elasmosaurus mientras nadaba.

¿Como Nessie?

Siempre se ha especulado con que el monstruo del lago Ness, en Escocia (Reino Unido), también llamado Nessie, fuera un elasmosaurus que sobrevivió a la extinción de los dinosaurios reproduciéndose en el lago hasta nuestros días. No existe ninguna evidencia científica de ello y resulta más bien inverosímil que en un lago no muy grande pudiera vivir una gran familia de estos animales.

Se cree que el elasmosaurus no hubiera podido llegar a tierra para poner sus huevos, por lo que lo más probable es que tuviera las crías en el mar, como las serpientes marinas.

Mononykus

He aquí el verdadero antecesor de las aves. ¿Verdad que recuerda mucho a un pavo o a un avestruz? Su silueta y sus características físicas lo sitúan como un eslabón entre los dinosaurios y las aves modernas, todo un hallazgo para la comunidad científica que encontró sus huesos en el desierto de Gobi.

DINOFICHA

Tamaño: 1 m de largo.

Peso: 3 kg.

Dieta: animales pequeños como lagartos y, sobre todo, insectos.

Significado del nombre: una garra.

¿Avestruz?

No hay duda de que el aspecto del mononykus era muy similar al de las aves corredoras modernas. Como el avestruz, no podía volar, aunque sí tenía plumas. Sus brazos eran cortos, pero sus patas eran largas y podía correr a gran velocidad cruzando los llanos desérticos al trote. Tenía la cola más larga, pero también terminada en un penacho.

Era mesozoica	
Periodo	Millones de años atrás
Cretácico	80-71

Un plumero

Seguramente, el mononykus estaba recubierto de plumas, algo así como un plumón formado por protoplumas muy suaves cuyo color se desconoce.

Ser un plumero andante le resultaba muy útil, pues era un animal de vida nocturna, momento en que se sentía a salvo de los depredadores y necesitaba aportar calor a su cuerpo ante las bajas temperaturas del desierto por la noche.

Las plumas de la cola, a modo de penacho más largo, probablemente le servían para cortejar a las hembras y lucirse ante ellas.

Tenía plumas más largas y con colores más vivos bajo las manos. Quizá fueran un camuflaje.

Su única garra podía llegar a medir unos 7 cm y su utilidad es un misterio.

Su nombre hace referencia a la característica peculiar de que en las extremidades superiores solo contaba con un dedo en forma de garra, por lo que se cree que eran manos atrofiadas.

Las extremidades inferiores eran muy largas y le permitían correr con agilidad.

Una teoría

Hay quien cree que su única garra podría haber sido una herramienta especializada que usaba para romper los nidos de las termitas, como hacen actualmente los osos hormigueros, y así darse un atracón.

Ankylosaurus

Era mesozoica

Periodo | Millones de años atrás

Cretácico | 80

A pesar de su volumen y su peso, era bastante ágil y un corredor nada despreciable. Si presentía el peligro, podía trotar rápidamente hasta la espesura y cobijarse.

Cabeza blindada

La cabeza se protegía con placas óseas por encima y a los lados con dos púas de refuerzo en los laterales.

El más representativo de los dinosaurios acorazados vivió en el territorio que hoy ocupa Norteamérica. Se le reconoce por su tamaño, pues parece que fue la armadura más grande y pesada que ha existido en el reino animal. Desde luego, no se trataba de un tierno plato de carne para un depredador hambriento.

DINOFICHA

Tamaño: 9 m de largo y 1,70 m de alto.

Peso: 6.000 kg.

Dieta: era herbívoro, comía plantas a ras de suelo.

Significado del nombre: lagarto acorazado.

Anquilosado

De movimientos torpes y lentos, este dinosaurio estaba totalmente anquilosado debido a las características de su armadura: las placas óseas estaban soldadas entre sí, lo que no ofrecía precisamente flexibilidad.

La apariencia de tan sólida cubierta era más bien la del caparazón de una tortuga, pero reforzada con púas triangulares. De hecho, se defendía como las tortugas: escondía las patas debajo del cuerpo.

Antarctosaurus

Era mesozoica

Periodo	Millones de años atrás
Cretácico	80

Su larga cola lo equilibraba al caminar y quizá le sirvió para defenderse.

DINOFICHA

Tamaño: 18 m de largo.

Peso: 30.000 kg.

Dieta: vegetales de todo tipo, pues alcanzaba grandes alturas.

Significado del nombre: lagarto del sur.

Nombre confuso

Si al leer antarctosaurus has pensado en la Antártida, vas mal encaminado. Los restos de este dinosaurio fueron encontrados en Argentina y precisamente su nombre significa todo lo contrario a los hielos eternos.

También hay confusión en cuanto a su tamaño, pues se han descubierto variantes, como el antarctosaurus giganteus, que pudo llegar a medir 35 m de longitud.

Imagina dos autobuses londinenses de dos pisos juntos en lenta marcha. Algo así debía de ser ver llegar caminando al gigantesco antarctosaurus. Siendo tan grande y teniendo como tenía una capa protectora de placas óseas en el lomo, ¿quién se hubiera atrevido a molestarle?

Su largo cuello le permitía pastar las copas de los árboles más altos.

La cabeza era enana: apenas medía 60 cm de largo ¡con un cuerpo de 18 m! Teniendo en cuenta el tamaño de su cerebro, no debía de ser muy listo...

El antarctosaurus hubiera sido el amigo MÁS GRANDE del hombre...

Comilón

Con su estatura, necesitaba comer muchísimas plantas para poder sobrevivir, así que se pasaba todo el día pastando. Su paso por un lugar dejaba huella, pues arrasaba con toda la vegetación consumiendo toneladas de plantas.

Sus dientes eran débiles y con forma de tachuela, nada indicados para masticar, por lo que se cree que le servían para rasgar las hojas y las ramas que luego tragaba prácticamente enteras. Este pariente del diplodocus también tragaba piedras o gastrolitos para poder digerir todo aquello que comía sin masticar.

Gigantoraptor

Este oviraptor destaca por su gran tamaño. Para hacernos una idea, era tres veces más grande que su pariente el citipati, el segundo más grande conocido, y puede ser hasta 35 veces más grande que otros oviraptores.

Era mesozoica

Periodo	Millones de años atrás
Cretácico	80

Seguramente la cola también estaba emplumada y terminaba en un penacho.

Usaba su velocidad para huir de sus depredadores y quizá como estrategia de caza, aunque también comía vegetales.

Era bípedo y sus patas traseras resultaban muy útiles para correr. Los pies terminaban en tres dedos con garras curvadas y grandes, y un espolón.

Las manos también eran alargadas y con garras más finas. Quizá pudo cazar pequeñas presas.

DINOFICHA

Tamaño: 8 m de largo y 7 m de alto.

Peso: 1.400 kg.

Dieta: desconocida, se cree que omnívoro.

Significado del nombre: ladrón gigante.

Cinematográfico

Su descubrimiento fue verdaderamente de película. El paleontólogo chino Xing Xu estaba rodando un documental en el que supuestamente se recreaba el descubrimiento de un sonidosaurus, pero cuando desenterraron los huesos, se percataron de que no pertenecía a ese ni a ningún otro dinosaurio conocido y tuvieron que detener el rodaje.

Su pico sin dientes indica que seguramente su dieta era herbívora, aunque existe controversia y en realidad es un misterio. Lo más seguro es que completara la dieta de vegetales con pequeños animales.

¿Pajarraco?

Al estar a medio camino entre las aves y los reptiles, el gigantoraptor poseía rasgos de ambos. Por su pico y sus plumas, se parecería a un ave, pero desde luego no podía volar y sí correr a gran velocidad. Su cabeza era similar a la de un loro y su cuerpo al de un avestruz, todo un pajarraco.

Se presupone que tenía plumas, como casi todos los de su especie, aunque no hay evidencias fósiles.

La pisada era muy similar a la del avestruz; se trataba de una planta del pie pensada para correr.

Majungasaurus

Este dinosaurio era un auténtico depredador carnívoro que vivió atemorizando a los habitantes de la zona que hoy conocemos como Madagascar y se cree que también en el territorio que hoy ocupa Egipto.

Era mesozoica	
Periodo	Millones de años atrás
Cretácico	80

Era bípedo, de manera que caminaba sobre sus dos patas traseras, aunque contaba con una larga cola con la que mantenía el equilibrio y le aportaba estabilidad en el centro de gravedad.

Torpes movimientos

El majungasaurus no se movía tan rápido como otros dinosaurios de tamaño similar, pero no le afectaba porque los herbívoros de esa zona, los rapetosaurus que formaban parte de su dieta, eran todavía más lentos que él.

Sus patas traseras eran tremendamente fuertes para soportar sus carreras.

Las patas delanteras del majungasaurus eran muy pequeñas en relación a sus patas traseras.

DINOFICHA

Tamaño: 7-9 m de largo y 4,50 m de alto.

Peso: unos 1.100 kg.

Dieta: otros saurópodos, como el rapetosaurus.

Significado del nombre: lagarto de Mahajanga.

El cráneo del majungasaurus era ancho y su cuello muscularmente muy fuerte, además de poseer una piel con una textura muy áspera y endurecida.

Poseía más dientes en ambas mandíbulas (17) que la mayoría de sus parientes.

¡Caníbal!

Recientes descubrimientos indican un componente sorpresa en la dieta del majungasaurus: ¡otros majungasaurus! Se han encontrado huesos pertenecientes a estos dinosaurios con marcas y muescas propias de su dentadura y que no pueden pertenecer a otros dinosaurios, por lo que se piensa que se comía a los de su misma especie. Lo que se ignora es si los cazaba o simplemente ingería ejemplares ya muertos.

Este pequeñajo (para ser un dinosaurio) no era exactamente una mascota encantadora, sino más bien un terrible depredador, veloz, listo y sanguinario, que asoló lo que hoy es Mongolia durante el Cretácico.

- El velociraptor estaba cubierto de plumón y también de plumas largas en los antebrazos, la cola, el pecho y la cabeza. Dado que no era un dinosaurio volador, se cree que las plumas le sirvieron para cubrir el nido mientras empollaba los huevos o como exhibición ante otros dinosaurios.

Tenía una cola larga y rígida, muy poco flexible.

Escala del velociraptor (comparado con un hombre)

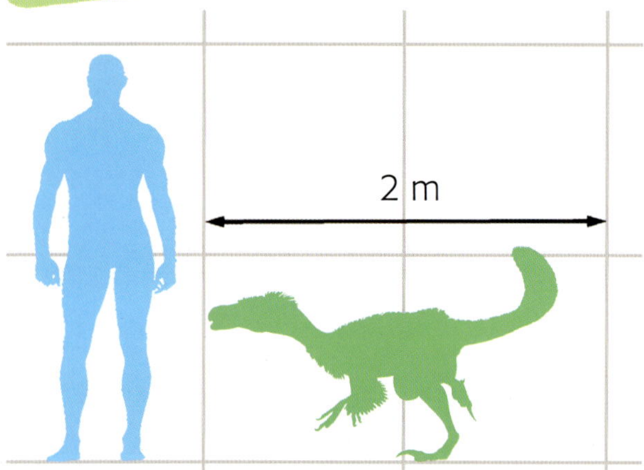

Poseía una garra distintiva de hasta 6,50 cm que era como una cuchilla capaz de seccionar la yugular de su presa.

Sssssigiloso

El velociraptor era tan, pero tan sigiloso, que caminaba literalmente de puntillas, por lo que era un gran cazador. Esto explica el increíble hallazgo de un enorme protocerátopo en combate con un velociraptor.

Velociraptor

Era mesozoica

Periodo	Millones de años atrás
Cretácico	75-71

Es muy probable que tuviera una cresta de plumas en lo alto de la cabeza con una utilidad de exhibición, como las aves actuales.

DINOFICHA

Tamaño: 2 m de largo y 1 m de alto.

Peso: 15 kg.

Dieta: mamíferos y herbívoros más pequeños que él.

Significado del nombre: ladrón veloz.

Como aves rapaces

La técnica de caza del velociraptor era muy parecida a la de las aves de presa actuales, como águilas y halcones. Seguramente, perseguiría a la presa corriendo y saltaría sobre su víctima reteniéndola con sus garras, en especial con la gran garra con forma de hoz de sus patas traseras.

Los largos brazos emplumados podrían haber servido de alas, no funcionales para volar mucho rato, pero sí para aletear y estabilizarse al tratar de atrapar una pieza con las patas traseras. Además, es casi seguro que se alimentó también de carroña abandonada por otros depredadores.

Aunque contaba con plumas en los antebrazos, este curioso animal nunca pudo volar.

Achelousaurus

El achelousaurus debe su nombre a la mitología griega: se trata de Aqueloo (en latín, *Achelous*), un dios de los ríos al que Hércules le cortó un cuerno. Los restos encontrados también tenían algún cuerno roto.

Solo el cráneo medía hasta 1,50 m de largo y tenía durezas óseas sobre la nariz y los ojos.

Las patas fuertes terminadas en pezuñas sostenían su gran peso.

Escudo frontal

La cabeza de achelousaurus funcionaba como un formidable escudo protector. Tenía, al igual que muchos otros de su familia, un volante óseo alrededor del cuello, rematado en su caso por dos cuernos largos y curvados hacia atrás, y por púas que recorrían todo el volante.

También poseía una serie de protuberancias óseas sobre los ojos y las fosas nasales, y varios picos hasta llegar al duro pico que tenía por boca.

No hubiera sido fácil, por tanto, atacar de frente a este dinosaurio, ni siquiera siendo un gran carnívoro.

Puede que usara sus cuernos para derribar árboles altos con los que alimentarse.

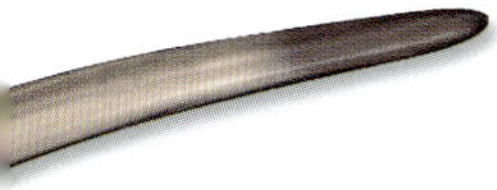

Era mesozoica

Periodo	Millones de años atrás
Cretácico	75

DINOFICHA

Tamaño: 6 m de largo y 3 m de alto.

Peso: desconocido.

Dieta: plantas de todo tipo.

Significado del nombre: lagarto de Aqueloo.

Tenía la piel muy rugosa y con abultamientos, parecida a la de los rinocerontes modernos. Su larga cola servía para equilibrar su peso.

Solo se han encontrado tres cráneos de este dinosaurio y ni siquiera están completos. Esto permite estudiar su cabeza, pero cómo era su cuerpo es una conjetura.

Se cree que pudo alcanzar los 35 km/h en carrera.

¡Un loro!

El achelousaurus tenía un pico durísimo exactamente igual que el de los loros... ¡pero mucho más grande! Con este pico tan fuerte podría haberse defendido de los carnívoros con bastante eficacia.

Era claramente cuadrúpedo y no podía caminar a dos patas.

Centrosaurus

Con su único cuerno frontal y su cuerpo rechoncho, ver venir al centrosaurus era como si se acercara un inmenso rinoceronte. Su enorme cabeza podía girarse muy deprisa y embestir a los enemigos.

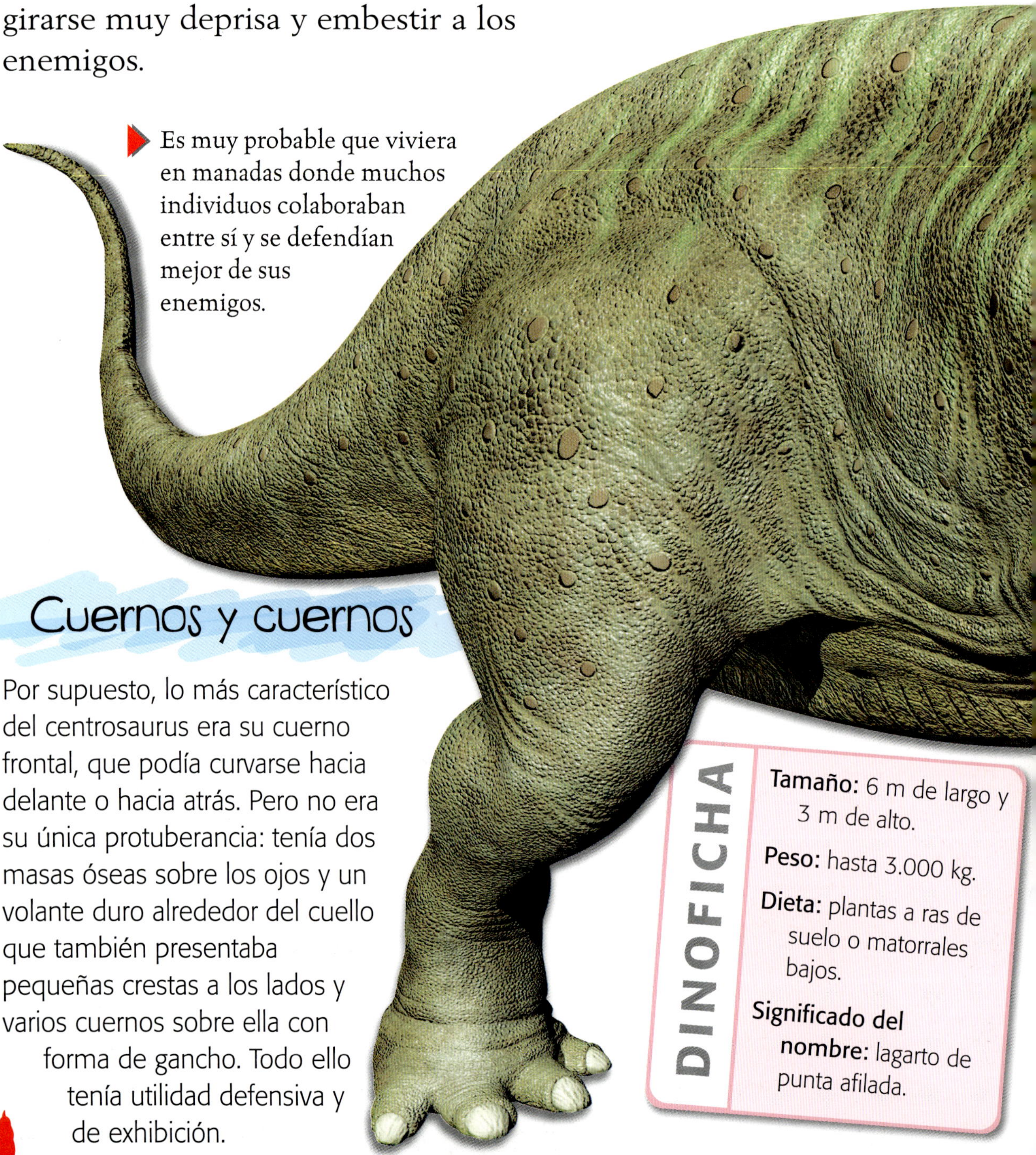

Es muy probable que viviera en manadas donde muchos individuos colaboraban entre sí y se defendían mejor de sus enemigos.

Cuernos y cuernos

Por supuesto, lo más característico del centrosaurus era su cuerno frontal, que podía curvarse hacia delante o hacia atrás. Pero no era su única protuberancia: tenía dos masas óseas sobre los ojos y un volante duro alrededor del cuello que también presentaba pequeñas crestas a los lados y varios cuernos sobre ella con forma de gancho. Todo ello tenía utilidad defensiva y de exhibición.

DINOFICHA

Tamaño: 6 m de largo y 3 m de alto.

Peso: hasta 3.000 kg.

Dieta: plantas a ras de suelo o matorrales bajos.

Significado del nombre: lagarto de punta afilada.

Se cree que el volante pudo estar coloreado para indicar la posición del animal en el grupo.

Era mesozoica

Periodo	Millones de años atrás
Cretácico	75

El gran cuerno era una buena arma si embestía con él.

La boca tenía forma de pico óseo, muy fuerte, para arrancar las plantas y contaba con dientes especializados en una dieta vegetariana. Si se le rompía un diente, le crecía uno nuevo.

Un padrazo

Los centrosaurus colocaban en círculo a toda la manada y dejaban en el centro a los más pequeños. Esa muralla era aún más fuerte cuando todas las cabezas mostraban su cuerno amenazante al enemigo.

Sus dedos almohadillados sostenían el peso.

DINOFICHA

Tamaño: 6 m de largo y 2,50 m de alto.

Peso: 3.000 kg.

Dieta: vegetales a ras de suelo y matorral bajo.

Significado del nombre: lagarto espinoso.

Pico y dientes

Poseía un pico óseo muy fuerte que le permitía romper la vegetación más dura, además de una buena batería de molares de corte capaces de hacer rodajas hasta los troncos.

Seguramente vivía en manadas viajando en busca de pastos siempre bien acompañado.

Styracosaurus

Era un dinosaurio con apariencia de cactus. Los herbívoros tenían pocas probabilidades de sobrevivir si no estaban bien armados ante los ataques de seres tan aterradores como el tiranosaurio.

Era mesozoica	
Periodo	Millones de años atrás
Cretácico	75

El robusto cuerpo del styracosaurus recuerda al de los rinocerontes actuales.

No eran rápidos, pero tampoco los más lentos. Se supone que caminaban a la misma velocidad que un elefante actual.

Un enorme erizo

Si se veía acorralado, al styracosaurus le bastaba con sacudir la cabeza para que sus púas se convirtieran en una fortaleza inexpugnable. Podía clavárselas a un depredador, pero también servían para evitar una mordedura.

El styracosaurus tenía los dedos de sus fuertes patas extendidos para poder repartir mejor el peso y estabilizarse.

El ampelosaurus es el dinosaurio estrella de Francia, puesto que sus primeros restos fueron hallados en la viña de Blanquette de Limoux, al sur del país, y la prensa lo convirtió en un dinosaurio famoso.

DINOFICHA

Tamaño: 15 m de largo y 3 m de alto.

Peso: 9.500 kg.

Dieta: era herbívoro, sobre todo vegetación media.

Significado del nombre: lagarto de vid.

Comparado con el diplodocus, el ampelosaurus era un dinosaurio pequeño. Sus patas sostenían bien su cuerpo y seguramente podía ponerse a dos patas para alcanzar mejor ramas algo más altas.

En el cuerpo con forma de barril y en la larga cola sí es semejante al resto de los saurópodos, aunque el blindaje dérmico superior le hace muy original.

Ampelosaurus

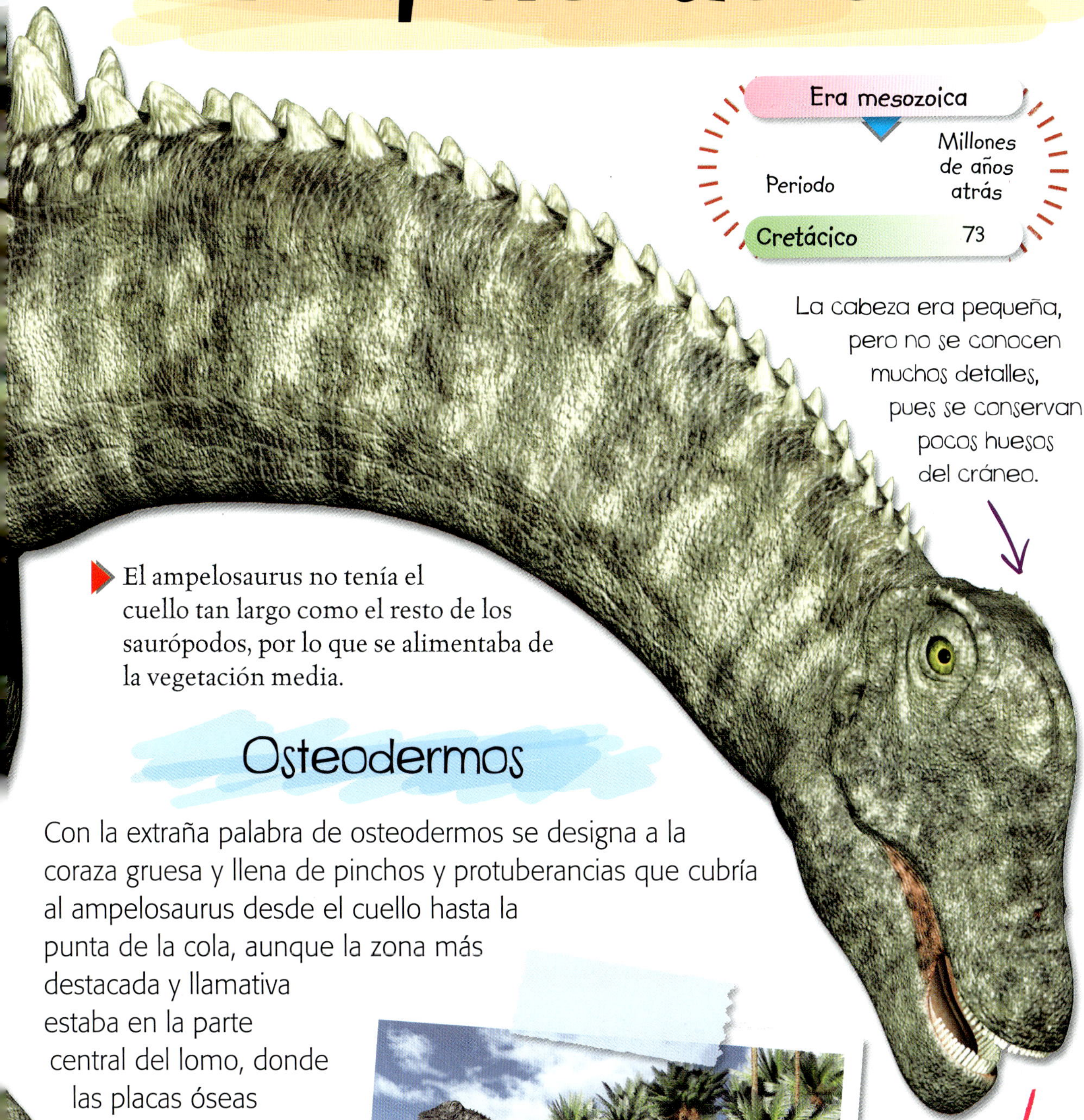

Era mesozoica

Periodo	Millones de años atrás
Cretácico	73

La cabeza era pequeña, pero no se conocen muchos detalles, pues se conservan pocos huesos del cráneo.

El ampelosaurus no tenía el cuello tan largo como el resto de los saurópodos, por lo que se alimentaba de la vegetación media.

Osteodermos

Con la extraña palabra de osteodermos se designa a la coraza gruesa y llena de pinchos y protuberancias que cubría al ampelosaurus desde el cuello hasta la punta de la cola, aunque la zona más destacada y llamativa estaba en la parte central del lomo, donde las placas óseas alcanzaban más longitud y eran más llamativas. Le servían para sostener su gran columna vertebral.

La dentadura era débil, así que probablemente tragaba piedras para digerir bien las plantas.

El coahuilaceratops debe su nombre al estado mexicano de Coahuila, donde se encontraron los restos fosilizados de dos ejemplares, uno adulto y otro más joven, con los que se estudió este animal.

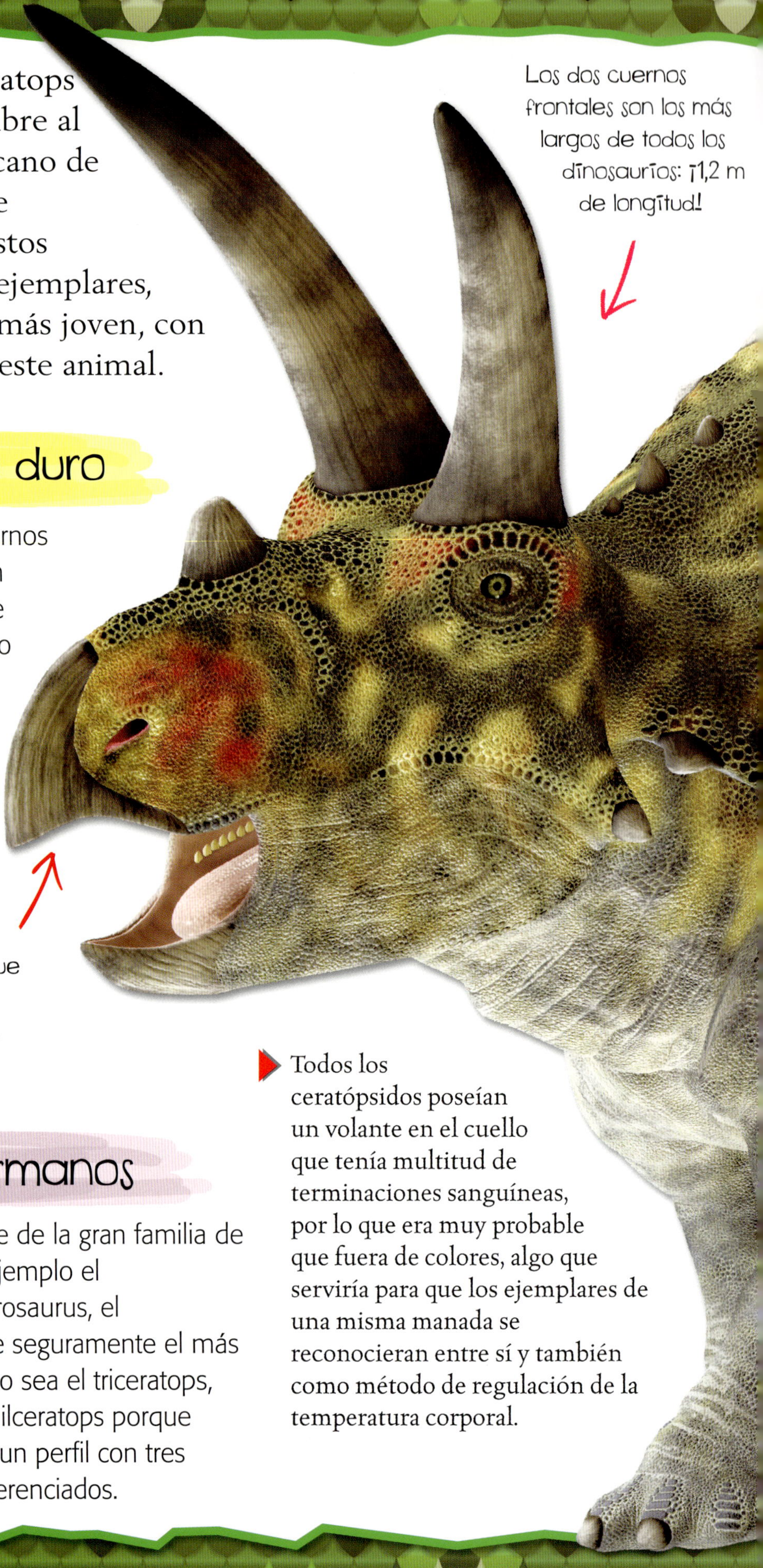

Los dos cuernos frontales son los más largos de todos los dinosaurios: ¡1,2 m de longitud!

Un tipo duro

Además de los dos cuernos frontales, que tienen un auténtico dinorécord de longitud, este dinosaurio presentaba un cuerno sobre la nariz, igual que los rinocerontes, y filamentos y placas por el lomo.

Como era herbívoro, no necesitaba mucho más que su pico córneo y algunos dientes para alimentarse.

Primos hermanos

Muchos formaron parte de la gran familia de los ceratópsidos, por ejemplo el achelousaurus, el centrosaurus, el styracosaurus... aunque seguramente el más famoso y representativo sea el triceratops, muy parecido al coahuilceratops porque también presentaba un perfil con tres cuernos bien diferenciados.

Todos los ceratópsidos poseían un volante en el cuello que tenía multitud de terminaciones sanguíneas, por lo que era muy probable que fuera de colores, algo que serviría para que los ejemplares de una misma manada se reconocieran entre sí y también como método de regulación de la temperatura corporal.

Coahuilaceratops

El volante del cuello estaba decorado con espinas alrededor, como muchos otros de su familia.

Era mesozoica

Periodo | Millones de años atrás

Cretácico | 72

Se cree que los cuernos le servían para lucirse ante las hembras y luchar por ellas con sus congéneres, del mismo modo que lo hacen hoy día los alces o los ciervos, por ejemplo. Existe la posibilidad de que también fueran una defensa ante los grandes depredadores, pues embestir con estos cuernos hubiera puesto fuera de combate a grandes carnívoros.

DINOFICHA

Tamaño: 6 m de largo y 2 m de alto.

Peso: entre 2.000 y 3.000 kg.

Dieta: vegetación baja y a ras de suelo.

Significado del nombre: lagarto con cuernos de Coahuila.

Las patas eran como columnas y terminaban en algo parecido a las pezuñas de los elefantes.

Carnotaurus

Da miedo, ¿verdad? ¡Y con toda razón! Este «angelito» tenía los dientes parecidos a los cuchillos de un carnicero y no era precisamente pacífico. Al contrario, se dedicaba a asediar a todo tipo de herbívoros para saciar su hambre. Además, para hacerlo más aterrador, se cree que era capaz de emitir gritos o gruñidos.

Mandíbulas de acero

La mandíbula del carnotaurus tenía una articulación que le permitía ampliar la mordida y era tan fuerte como para triturar un hueso de un mordisco.

Sus dientes podían llegar a medir 4 cm y estaban curvados hacia atrás para resultar más efectivos, de manera que cuando atrapaban una presa no era posible que se soltara. Eran dientes muy afilados, especialmente diseñados para desgarrar la carne; sin embargo, podía perder alguno en un combate.

Era mesozoica	
Periodo	Millones de años atrás
Cretácico	71-65

Los brazos y las manos del carnotaurus eran diminutos en relación a su cuerpo.

Su larga cola le permitía equilibrarse y como tenía las patas traseras tan fuertes y largas, era un gran corredor capaz de perseguir a otros animales a gran velocidad y arrinconar a sus presas.

Otras armas

Por si fuera poco, además de su dentadura y sus cuernos, el carnotaurus podía contar con sus garras.

Las patas traseras tenían cuatro dedos con unas garras tan fuertes y cortantes como navajas, por lo que podía saltar sobre su víctima y clavárselas antes de morderla.

El carnotaurus es el único carnívoro que tiene cuernos en la cabeza. Presentaba dos protuberancias óseas en forma de cuerno sobre los ojos. Quizá los usó para luchar con otros carnotaurus ante las hembras, o bien embestía con ellos durante la caza, convirtiéndolos en un arma muy peligrosa.

DINOFICHA

Tamaño: 9 m de largo y 3,50 m de alto.

Peso: 1.500 kg.

Dieta: otros saurópodos, como el rapetosaurus.

Significado del nombre: toro carnívoro.

Además de los dos cuernos característicos, contaba con placas óseas en el lomo.

Tenía un cuerpo robusto pero delgado para poder moverse con más agilidad.

¿Y la piel?

El hallazgo de los restos del carnotaurus en la Patagonia fue muy interesante porque, además de los huesos, se encontraron huellas impresas en la piel de uno de sus costados.

Esto permitió saber que no tenía plumas, pero sí protuberancias óseas que le crecían en una hilera central a lo largo del cuerpo, algo parecido a un cocodrilo, pero más impresionante: cada púa central podía llegar a medir 5 cm de diámetro.

Rapidísimo

Los huesos de la cabeza presentaban agujeros para aligerar su peso; sumado a sus largas y musculosas patas traseras, esto daba como resultado que podía correr... ¡a 50 km/h!

Edmontosaurus

El edmontosaurus forma parte del grupo de herbívoros «pico de pato» por la forma de su boca. Efectivamente, es similar al pico de estas aves, pero este dinosaurio tenía ¡1.000 dientes! en la parte posterior de la mandíbula para triturar toneladas de comida.

La piel de este dinosaurio era escamosa (como la de las serpientes), perfecta para sobrevivir en climas cálidos.

La fuerza de las mandíbulas del edmontosaurus hace suponer que podía comer incluso plantas leñosas.

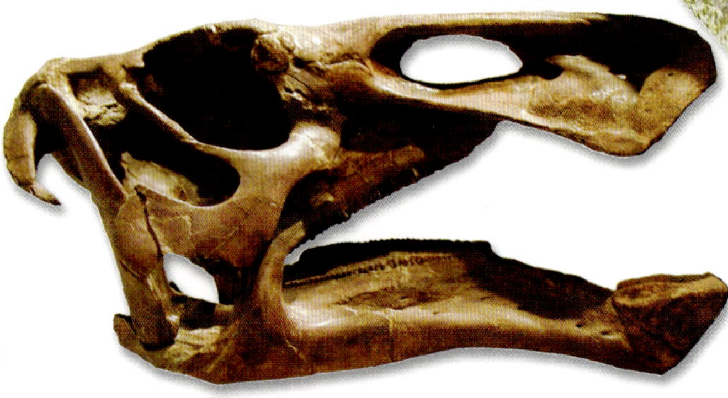

Sus tres dedos, en lugar de garras afiladas, tenían una forma parecida a una pezuña.

Muy ruidoso

En los cráneos fosilizados que se han encontrado de edmontosaurus, se han observado unas cavidades en la parte superior que los científicos creen que estaban recubiertas de piel elástica. Así, podía llenarlas de aire y emitir un fuerte sonido que se escuchara a larga distancia, quizá para reconocer a los de su grupo o para ahuyentar a los enemigos.

Era mesozoica	
Periodo	Millones de años atrás
Cretácico	71-65

Reconstrucción del esqueleto de un edmontosaurus

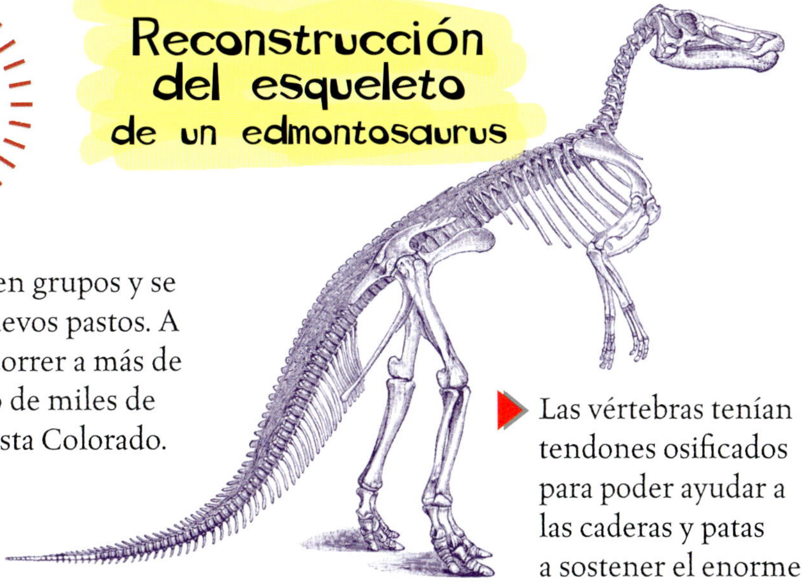

Los edmontosaurus vivían en grupos y se desplazaban en busca de nuevos pastos. A pesar de no ser capaces de correr a más de 10 km/h, viajaban a lo largo de miles de kilómetros desde Alaska hasta Colorado.

Las vértebras tenían tendones osificados para poder ayudar a las caderas y patas a sostener el enorme peso de este dinosaurio.

Las patas traseras eran muy fuertes; le permitían trotar y también nadar bastante deprisa.

Víctima del tiranosaurio

El edmontosaurus era bípedo, pero también podía caminar a cuatro patas, ya que las delanteras no eran brazos y manos cortas, sino auténticas patas. Su espina dorsal se curvaba en la zona de los hombros, por lo que es casi seguro que tenía una posición baja en general y se alimentaba cerca de la tierra. Al no poseer armas (como unas garras) o defensas (como placas óseas en la piel), fue el blanco favorito del gran depredador de su hábitat: el terrible tiranosaurio rex.

DINOFICHA

Tamaño: unos 13 m de largo.

Peso: unos 4.000 kg.

Dieta: coníferas, semillas y ramas de árbol.

Significado del nombre: lagarto de Edmonton.

Diceratops

Este primo hermano del triceratops era tan parecido a su pariente, que durante mucho tiempo los científicos creyeron que se trataba del mismo animal, pero más tarde estudiaron su cráneo y descubrieron su error: al diceratops le faltaba el cuerno del hocico.

Era mesozoica	
Periodo	Millones de años atrás
Cretácico	70

No se sabe exactamente cómo era el cuerpo y la piel del diceratops, ya que solo se ha encontrado un cráneo de esta especie. Se supone que la piel era muy parecida a la del triceratops, es decir, muy rugosa.

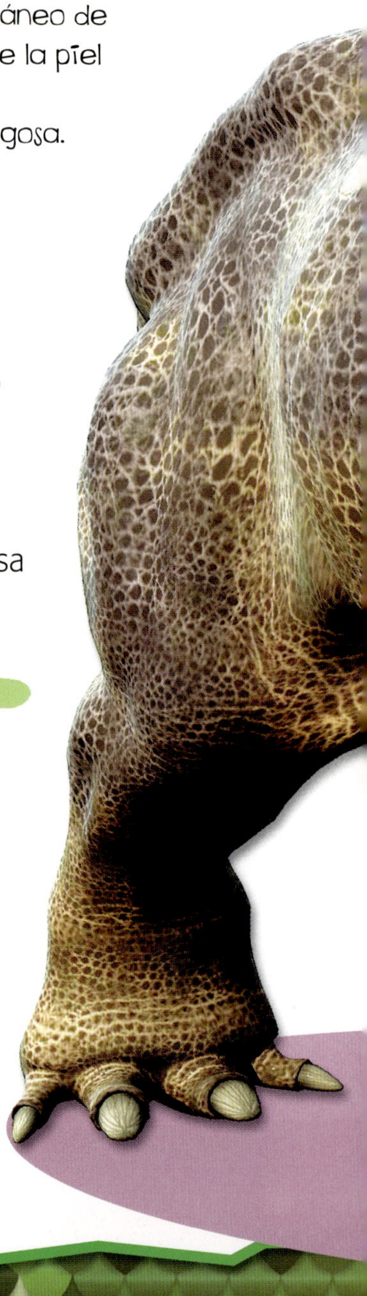

Collar de hueso

La placa ósea que rodeaba el cuello del diceratops es típica en todos los de su especie. Pudo tener múltiples funciones, como moverla para exhibirse ante las hembras o para asustar a otros machos o a los depredadores; también podía servir como mecanismo para absorber el calor cuando hacía frío o para refrescarse si hacía calor. Y por supuesto, era una buena defensa ante posibles mordiscos de los grandes carnívoros.

Escala comparativa
entre un diceratops y un hombre

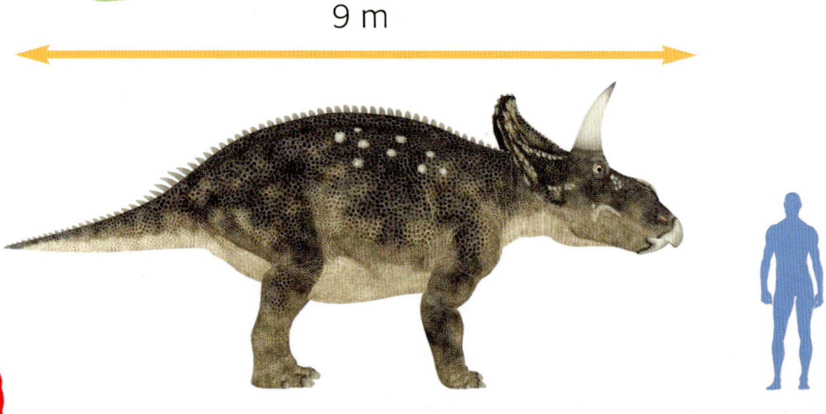

Es posible que utilizara los cuernos para apartar las ramas y ayudarse mientras comía, aunque sobre todo eran un escudo protector que, colocado hacia delante, podía desalentar a cualquier cazador.

Los dos grandes cuernos sobre los ojos le daban su perfil característico y le servían como defensa ante los grandes depredadores.

La boca de este herbívoro tenía forma de pico, parecido al de los loros. Era un pico córneo muy fuerte y afilado para cortar plantas.

DINOFICHA

Tamaño: 9 m de largo y 2 m de ancho.

Peso: unos 10.000 kg.

Dieta: plantas con flores y helechos.

Significado del nombre: cara con dos cuernos.

Todos tenemos algún familiar lejano, y el tiranosaurus también: tenía un primo en Asia (concretamente en Mongolia) llamado tarbosaurus, un dinosurio con un carácter tan «encantador» como él... ¡Era una auténtica máquina de matar!

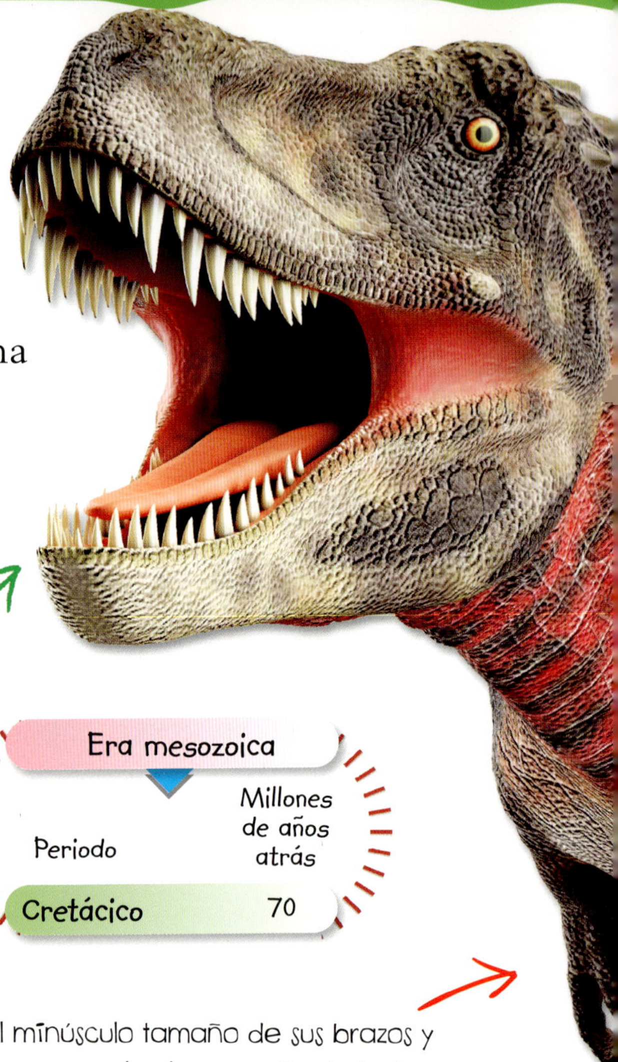

Unos 60 dientes larguísimos y curvos, afilados como cuchillos de carnicero, eran la carta de presentación de este dinosaurio, que además poseía un sistema de bloqueo único en su mandíbula inferior para impedir que se le escapara la pieza.

Era mesozoica

Periodo	Millones de años atrás
Cretácico	70

El minúsculo tamaño de sus brazos y manos es el más pequeño de todos los de su especie... ¡y además solo tenía dos dedos! Eran unas extremidades inútiles para la lucha.

Un poco cegato

Al estudiar el cerebro del tarbosaurus, los científicos han concluido que poseía un bulbo olfativo de gran tamaño, por lo que su sentido del olfato era muy bueno. Del mismo modo, el nervio auditivo estaba muy desarrollado, así que su sentido del oído era también excelente. No así el de la vista, por lo que quizá la mejor manera de huir de él era escondiéndose de su feroz mirada de cazador.

Tarbosaurus

Las patas traseras del tarbosaurus eran muy fuertes y musculosas, completamente desproporcionadas al compararlas con los brazos. Tenían tres dedos largos con garras y otro dedo más pequeño por la parte trasera, también acabado en una imponente garra. El tobillo tiene una articulación larga, signo de que era buen corredor.

La cola servía para equilibrar su enorme cuerpo mientras corría persiguiendo algún incauto herbívoro.

Los dedos terminaban en garras fuertes que pudieron servir solo para derribar a las presas porque no podía llevárselas a la boca: ¡no le llegaban!

DINOFICHA

Tamaño: 12 m de largo y 5 m de alto.

Peso: más de 6.000 kg.

Dieta: otros dinosaurios y también carroña.

Significado del nombre: lagarto alarmante.

Superdepredador

El tarbosaurus debió de sembrar el pánico en los terrenos húmedos cercanos a los ríos donde vivía: se comía sin pestañear enormes hadrosáuridos, como el saurolophus, y también saurópodos. No tuvo competencia en su tiempo de ningún otro cazador.

Uberabasuchus

El uberabasuchus era un cocodrilo prehistórico que, aunque más pequeño que el cocodrilo actual, debía dar bastante miedo, ya que su nombre completo es *uberabasuchus terrificus*. Con ese apellido, ¿quién duda de sus intenciones?

No tan familiar

A pesar de su apariencia y de que se trata de un ejemplar de cocodrilo muy antiguo, el uberabasuchus no es familia de los cocodrilos actuales. Hace 70 millones de años los continentes no eran como los conocemos hoy. Restos de este dinosaurio se han encontrado en África y en la Antártida, que en esa época estaban también unidas a Sudamérica. Es muy similar al cocodrilo, pero se extinguió completamente junto a los demás dinosaurios, por lo que en realidad no forma parte de su familia.

Su piel rugosa presentaba protuberancias y escamas para sobrevivir en un hábitat seco y caluroso donde a veces había lluvias torrenciales.

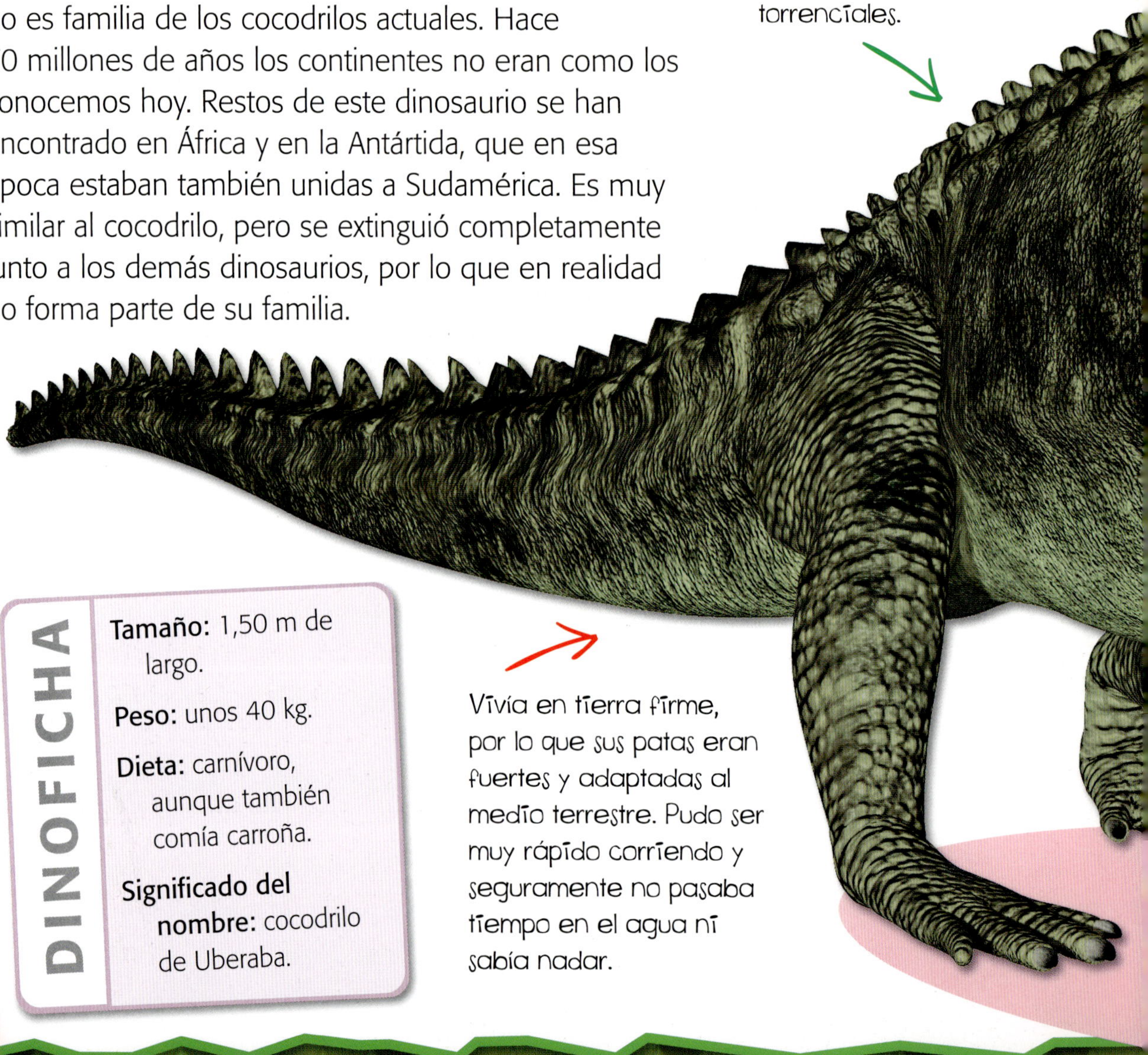

Vivía en tierra firme, por lo que sus patas eran fuertes y adaptadas al medio terrestre. Pudo ser muy rápido corriendo y seguramente no pasaba tiempo en el agua ni sabía nadar.

DINOFICHA

Tamaño: 1,50 m de largo.

Peso: unos 40 kg.

Dieta: carnívoro, aunque también comía carroña.

Significado del nombre: cocodrilo de Uberaba.

Era mesozoica

Periodo	Millones de años atrás
Cretácico	70

Era un cazador voraz que contaba con una impresionante dentadura en su boca alargada con enormes mandíbulas.

Los cocodrilos tienen las fosas nasales al final del cráneo, en la parte posterior de la cabeza. Los dinosaurios cocodrilo en cambio las tenían delante, como el uberabasuchus, aunque este la tenía algo más desplazada, en una posición intermedia.

Seguramente era un cazador hábil, ya que era rápido y poseía una interesante dentadura. Sin embargo, se sabe que su base alimenticia era la carne en descomposición de animales ya muertos, bien abandonados por otros depredadores, bien fallecidos por causas naturales.

Eslabón perdido

Se cree que este dinosaurio es el eslabón perdido entre los ejemplares prehistóricos de cocodrilo y los actuales porque sus características le sitúan en la zona media entre los dinosaurios y los cocodrilos. Su descubrimiento ha puesto en entredicho las teorías de que el cocodrilo procede del hemisferio norte.

Mosasaurus

El mosasaurus fue una pesadilla para los habitantes de los océanos en el Cretácico. Largo, veloz y agresivo, este inmenso reptil marino daba caza a toda clase de peces de su época.

DINOFICHA

Tamaño: 17 m de largo.

Peso: desconocido.

Dieta: reptiles marinos, tiburones y peces de todo tipo.

Significado del nombre: lagarto del río Mosa.

Era mesozoica

Periodo	Millones de años atrás
Cretácico	70-65

Poseía una boca masiva ¡de hasta 2 m de largo! y llena de dientes afiladísimos con forma cónica, dispuestos en hileras y parecidos a los de los cocodrilos: no masticaba su presa, simplemente mordía y tragaba la pieza entera o una buena parte de ella.

Otros reptiles marinos

Muchas veces se piensa que los grandes reptiles que poblaban los mares y océanos en el periodo mesozoico, como el mosasaurus, eran dinosaurios, pero no es así. Aquí te presentamos algunos de los más importantes.

Mesosaurios

Se cree que fueron los primeros reptiles acuáticos de la historia. Eran de pequeño tamaño, con un cuerpo esbelto, cuello largo y patas cortas en forma de aletas. Se desarrollan durante el Periodo Pérmico (ver p. 2).

Gran nadador

La cola era una gran aleta que realmente le impulsaba y le servía para moverse ágilmente en el agua, más que las patas, que quizá usara para cambiar de dirección y equilibrarse.

Tenía un cuerpo con forma de barril, aparentemente torpe y pesado, que al vivir en el medio acuático se volvía ligero y al final le otorgaba una apariencia imponente y peligrosa.

Las patas se habían adaptado al medio modificándose en forma de aletas.

Pliosaurios

Con su tamaño monumental, parecían mortíferas ballenas que poblaron los océanos en el Período Jurásico.

Ictiosaurios

Estos carnívoros eran los principales depredadores del medio marino. Vivieron durante toda la Era Mesozoica.

Plesiosaurios

Estos gigantescos reptiles marinos poseían un cuerpo muy voluminoso, cuello esbelto y largo, cabeza pequeña, patas en forma de aletas y cola corta. Podían salir a tierra durante un corto espacio de tiempo. Vivieron en los Períodos Jurásico y Cretácico.

Torosaurus

Ciertamente, con su imponente placa ósea, sus largos cuernos en la frente y su tercer cuerno sobre la nariz, el torosaurus presentaba un aspecto amenazador que probablemente le protegía de los grandes depredadores.

Exhibicionista

Lo más característico del torosaurus, su placa ósea, era en realidad pura fachada: por dentro tenía grandes huecos en lugar de hueso macizo. Esto le hacía menos pesado, pero le protegía peor de mordiscos o ataques, por lo que se cree que solo le servía para exhibirse ante las hembras y destacar entre los machos.

Aunque menos fuertes, las patas traseras eran más largas para favorecer el movimiento de este gran dinosaurio.

Dedos de goma

Los dedos de los pies del torosaurus presentaban una característica especial de gran utilidad: podía abrirlos como un abanico para distribuir mejor el peso de su cuerpo estando de pie o en movimiento.

Era mesozoica

Periodo	Millones de años atrás
Cretácico	70-65

Solo la cabeza del torosaurus era tan grande como un coche. En gran parte, el tamaño se debía a su enorme placa ósea o gola que le cubría el cuello y se levantaba en posición vertical, siendo visible a mucha distancia como parte identificativa de su anatomía.

Los cuernos largos los empleaba para pelear con otros de su especie y dejar claro el estatus dentro del grupo.

Las patas delanteras eran muy fuertes para poder soportar el peso de la cabeza.

DINOFICHA

Tamaño: 7 m de largo y 2,50 m de alto.

Peso: unos 8.000 kg.

Dieta: vegetales y plantas bajas.

Significado del nombre: lagarto perforado.

La cúpula dura de su cráneo se complementaba con púas afiladas que podían herir gravemente a quien le atacara.

DINOFICHA

Tamaño: 8 m de largo.

Peso: unos 2.000 kg.

Dieta: era omnívoro, comía plantas y frutas, pero también insectos.

Significado del nombre: lagarto de cabeza gruesa.

Poseía un pico curvo al final del hocico y dentro tenía dientes de sierra para poder romper hojas y brotes duros.

Los brazos eran cortos y las manos pequeñas, pero le servían para arrancar las hojas o las ramas, ya que contaba con cinco dedos en cada una.

Buena vista

Los ojos del pachycephalosaurus eran muy grandes, del tamaño y grosor de dos pelotas de tenis. Pero sobre todo eran muy útiles: colocados a los lados de la cabeza, tenían gran movilidad, de manera que este dinosaurio podía mirar en todas las direcciones fácilmente.

Esta visión y su capacidad para correr deprisa le convertían en una presa difícil para los grandes carnívoros.

Las patas traseras eran largas y fuertes, así que se cree que era un buen corredor. Tenía garras y quizá pudo trepar o escalar rocas para huir de los enemigos.

Pachycephalosaurus

Este extrañísimo y original dinosaurio vivía en rebaños, como las cabras actuales... pero se trataba de una cabra cretácica enorme, porque alcanzaba los 3 m de altura y los 8 m desde el hocico hasta la punta de la cola.

Era mesozoica

Periodo	Millones de años atrás
Cretácico	68-65

De cabeza

La característica esencial de este dinosaurio era su durísima cabeza. El cráneo tenía un abultamiento con un grosor de 25 cm... ¡algo así como una pared de cinco ladrillos! Seguramente, ese bulto en la cabeza le servía para embestir y demostrar a base de cabezazos su fuerza ante otros de su especie. Sin duda, esta característica fue también una ventaja ante los depredadores carnívoros que buscaban ejemplares como él para formar parte de su menú diario.

La cola tenía 20 vértebras y se supone que era tan flexible como para que pudiera usarla a modo de látigo si le atacaban.

▶ El pachycephalosaurus fue el dinosaurio con la cabeza más grande de su especie y el último en extinguirse. Esa supervivencia quizá se la debió a sus características físicas o a la casualidad, pero el hecho es que fue el abuelo de muchos otros dinosaurios.

Pachyrhinosaurus

Dentro del grupo de los ceratópsidos, los expertos distinguen dos tipos de dinosaurio: los que tenían una placa ósea muy grande y los que, como el pachyrhinosaurus, la tenían más corta, aunque no por ello dejaba de llamar la ateción.

Engañoso

Las apariencias engañan: el aspecto de este dinosaurio es torpe y lento, pero nada más lejos de la realidad: podía correr a más de... ¡30 km/h!, algo impensable para la mayor parte de los herbívoros.

Tenía un cuerpo bastante rechoncho y poco elegante, pero pocos dinosaurios se atrevían a hacerle frente.

Las cuatro patas terminaban en cascos muy anchos capaces de soportar su peso.

DINOFICHA

Tamaño: 5,50 m de largo.

Peso: unos 4.000 kg.

Dieta: plantas a ras del suelo.

Significado del nombre: lagarto de morro macizo.

Era mesozoica	
Periodo	Millones de años atrás
Cretácico	68-65

El volante

La placa ósea, gola o volante característico de su especie tenía el borde ondulado y una serie de protuberancias óseas, además de los cuernos. Podía balancearla de un lado a otro para ahuyentar a sus enemigos y quizá resultara atractiva a las hembras, por lo que también tenía una función de exhibición.

La placa ósea terminaba en dos cuernos curvados hacia dentro.

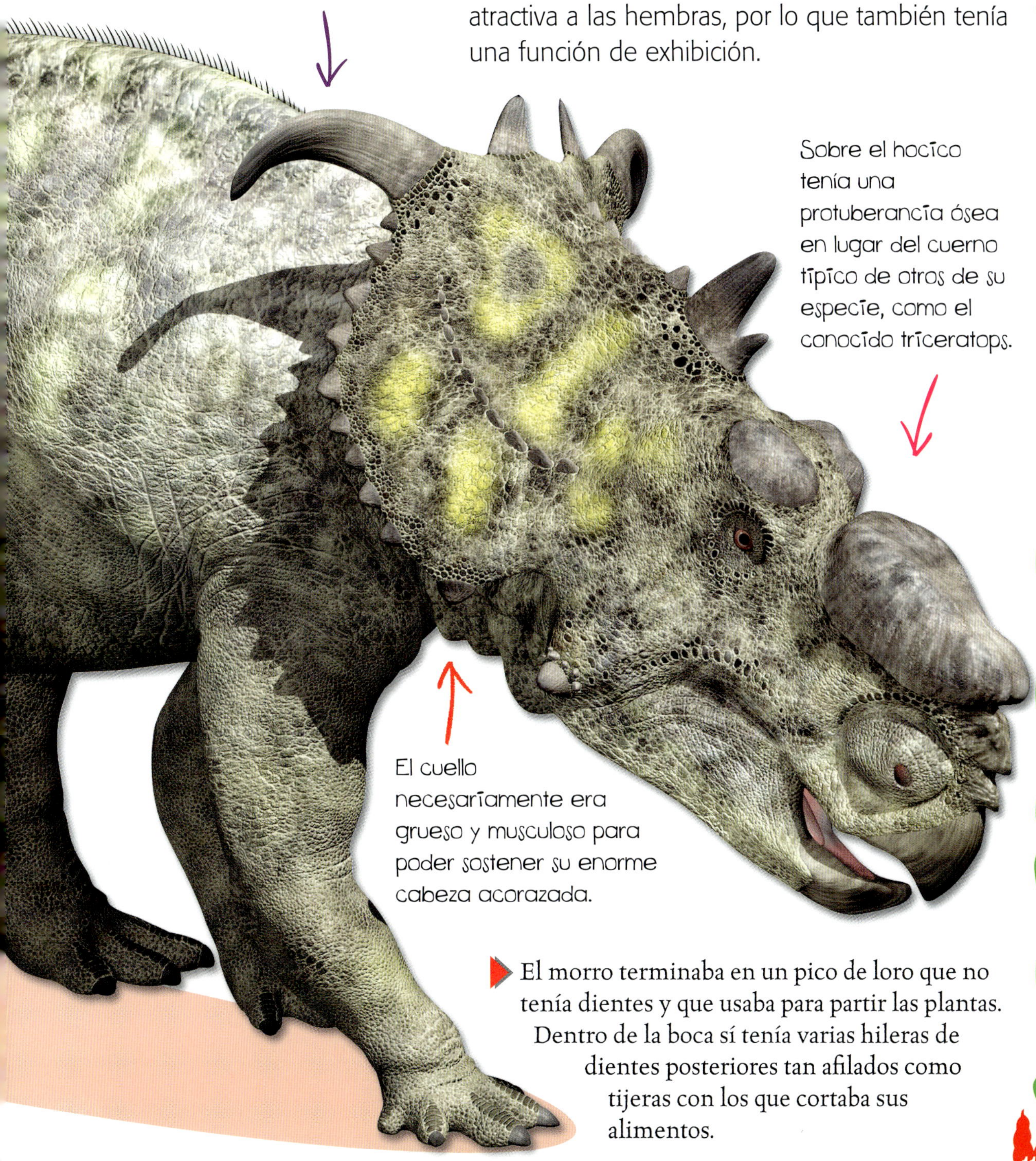

Sobre el hocico tenía una protuberancia ósea en lugar del cuerno típico de otros de su especie, como el conocido triceratops.

El cuello necesariamente era grueso y musculoso para poder sostener su enorme cabeza acorazada.

El morro terminaba en un pico de loro que no tenía dientes y que usaba para partir las plantas. Dentro de la boca sí tenía varias hileras de dientes posteriores tan afilados como tijeras con los que cortaba sus alimentos.

Quetzalcoatlus

Un gigante del aire del tamaño de una avioneta actual. Así era el quetzalcoatlus, uno de los pterosaurios más grandes que han existido, con una envergadura alar de hasta 12 m que sobrevolaba los cielos de Norteamérica en el Cretácico.

Era mesozoica

Periodo	Millones de años atrás
Cretácico	68-65

DINOFICHA

Tamaño: hasta 12 m de envergadura alar.

Peso: 70-100 kg.

Dieta: quizá peces, pero sobre todo carroña.

Significado del nombre: lagarto de Quetzalcóatl.

Tenía en la cabeza un curioso adorno: una cresta ósea dura cuya utilidad se desconoce.

Las mandíbulas carecían de dientes y, como se alimentaba de carroña, se cree que tragaba la carne entera.

Demasiado peso

Es sorprendente que el quetzalcoatlus pudiera volar con tanta eficacia, pues tenía un peso muy superior al de cualquier otro pterosaurio. Levantar el vuelo para un dinosaurio de 100 kg debió de ser un problema.

En relación a su tamaño total, poseía un enorme cuello que era muy largo y flexible. La longitud de cuello llegaba hasta los 3 m y la de la cabeza sumaba otros 2 m, de manera que destacaba claramente como lo más característico de su morfología.

Podía permanecer en tierra, aunque sus movimientos seguramente eran muy torpes al caminar porque tenía patas cortas pero largas alas que, a pesar de estar recogidas, le molestarían a cada paso. Se cree que permanecía más tiempo en las alturas, sobrevolando la tierra.

Las alas, similares a las de los murciélagos actuales, estaban formadas por membranas a partir de un cuarto dedo muy largo.

La envergadura alar media solía ser de unos 9 m, un tamaño más factible para poder volar.

Escala comparativa entre un quetzalcoatlus y un hombre

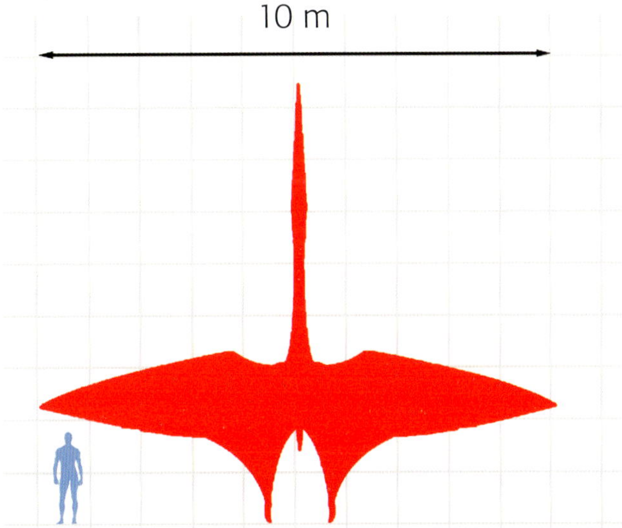

Planeador

Las alas membranosas y finas del quetzalcoatlus eran un tanto frágiles. Para volar, dependía de las corrientes de aire, donde simplemente planeaba con un control de vuelo bastante precario. No volaba con la rapidez y precisión de las aves actuales.

Un dios alado

Debe su nombre al dios azteca Quetzalcóatl, un ser supremo de la cultura mesoamericana con forma de serpiente emplumada. Sin embargo, este dinosaurio no tenía plumas, si acaso algo de pelo sobre la piel. Es poco lo que se sabe de él, ya que solo se han encontrado huesos de las alas y del cráneo.

Tiranosaurio

He aquí al rey de los dinosaurios, quizá el más conocido de todos los superdepredadores que han poblado la Tierra: el ser más feroz, violento y despiadado que ha existido.

Con estas mandíbulas podía comerse a un niño de un solo bocado.

Las patas delanteras eran muy pequeñas, tenían dos dedos y solo le servían para ponerse de pie.

DINOFICHA

Tamaño: 13 de largo y 6 m de alto.

Peso: 6.000-10.000 kg.

Dieta: reptiles, otros dinosaurios y carroña.

Significado del nombre: lagarto tirano.

Muy inteligente

A pesar de su pequeño tamaño, el cerebro del tiranosaurio le hizo un hábil cazador: esperaba escondido entre la arboleda con una técnica de emboscada y así sorprendía a su presa embistiéndola a gran velocidad y, si el golpe no la mataba, le mordía en el cuello hasta que muriera.

Era mesozoica	
Periodo	Millones de años atrás
Cretácico	67-65

La cabeza del tiranosaurio medía más de un metro, pero su cerebro era pequeño: aproximadamente como el de un gorila.

¡Terrorífico!

Tenía 60 dientes afiladísimos que podían medir hasta ¡18 cm! (¡casi como la mano de un adulto!). Cuando atrapaba a una presa nunca podía escapar, pues los dientes se curvaban hacia dentro dejándola atrapada. Si se le caía o rompía algún diente, volvía a crecerle otro. Sin embargo, no siempre era tan peligroso: a veces comía plácidamente la carne muerta que se encontraba.

Diseñado para asesinar

La cola del tiranosaurio era larga y muy pesada: le servía para mantener el equilibrio.

El cuello del tiranosaurio era corto y muscular para poder soportar su masiva cabeza.

Tenía un cuerpo tan grande que muchos de sus huesos eran huecos, para aligerar el peso sin menguar su gran fortaleza.

Con sus fuertes patas traseras, podía alcanzar la increíble velocidad, para su gran tamaño, de ¡60 km/h!... pero solo durante un rato corto.

Anhanguera

Era mesozoica

Periodo	Millones de años atrás
Cretácico	65

Ave mecánica

Los científicos actuales han querido reproducir el vuelo de los pterosaurios construyendo un robot que precisamente era una reproducción del anhanguera. Gracias a él, pudieron entender cómo animales tan grandes eran capaces de levantar el vuelo, planear y aterrizar sin problemas.

Los dientes eran sumamente afilados y estaban curvados hacia dentro para impedir que se escapara la presa.

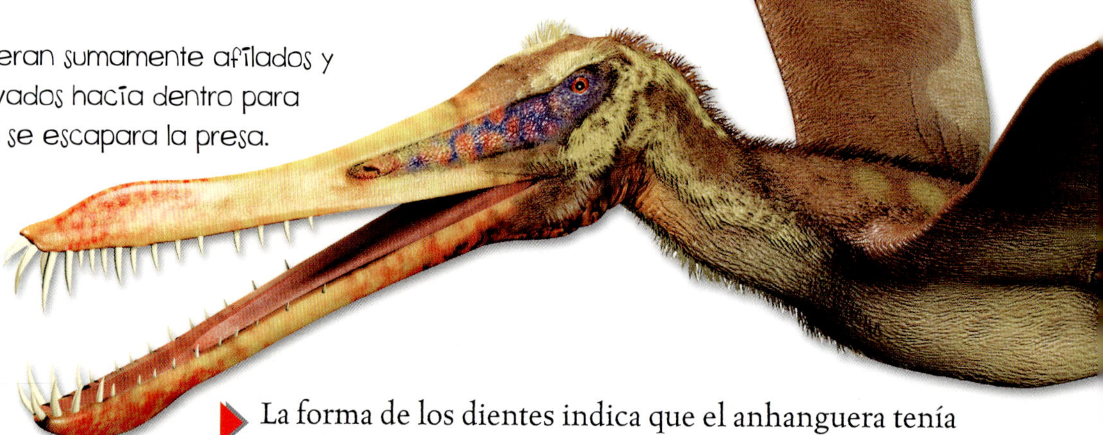

La forma de los dientes indica que el anhanguera tenía una dieta piscívora, es decir, que sobrevolaba las aguas y se lanzaba en picado para pescar. Una vez atrapado, el pez no podía escabullirse.

El nombre anhanguera procede de la lengua tupí-guaraní, pues los restos de este dinosaurio volador fueron encontrados en la ciudad brasileña de Anhangüera, un nombre que procede de un dios amerindio protector de la naturaleza.

Protuberancias y bultos

El anhanguera es un pterosaurio muy característico y difícil de confundir con otros: presenta una protuberancia en la parte superior del pico y un pequeño bulto, menos evidente, en la parte inferior. Además, tiene unas patas singularmente pequeñas, con unos pies insignificantes, lo que hace suponer que pasaba la mayor parte de su tiempo volando y rara vez se posaba.

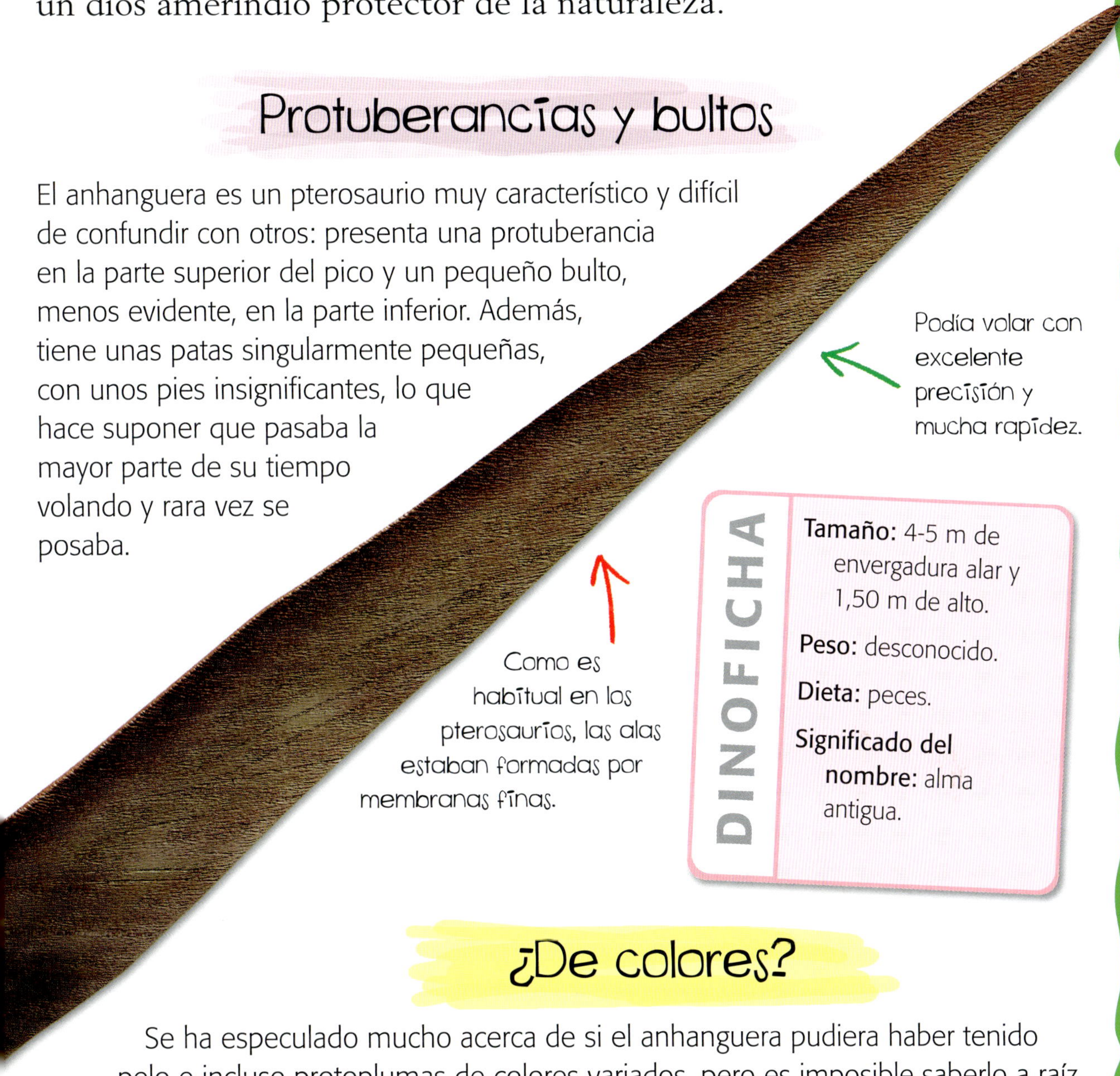

DINOFICHA

Tamaño: 4-5 m de envergadura alar y 1,50 m de alto.

Peso: desconocido.

Dieta: peces.

Significado del nombre: alma antigua.

¿De colores?

Se ha especulado mucho acerca de si el anhanguera pudiera haber tenido pelo e incluso protoplumas de colores variados, pero es imposible saberlo a raíz de los restos encontrados.

Otros dinosaurios de su especie sí tuvieron pelajes de colores para su exhibición o su camuflaje, por lo que no parece disparatado que este también los poseyera. En todo caso, tuviera o no colores, no fue el pterosaurio más llamativo, ya que tenía un tamaño medio, mucho menor que el del quetzalcoatlus.

No se sabe si tenía protoplumas, pelos o púas sobre el lomo, pero existe la posibilidad de que así fuera.

Tenía una cola muy larga que le servía para equilibrarse mientras caminaba o permanecía de pie comiendo.

Era mesozoica

Periodo	Millones de años atrás
Cretácico	65

La singular cresta de su cabeza aparece tanto en ejemplares adultos como en los jóvenes, aunque en estos es más pequeña. Se cree que estaba hueca y le servía para respirar, tal vez emitir sonidos o quizá como mecanismo termorregulador, para calentarse o enfriarse según sus necesidades.

DINOFICHA

Tamaño: 9-12 m de largo y 4 m de alto.

Peso: unos 2.000 kg.

Dieta: vegetales y plantas variadas.

Significado del nombre: lagarto crestado.

Podía caminar tanto de forma bípeda como cuadrúpeda, pues sus patas traseras y delanteras eran igualmente fuertes y bastante largas.

Las patas no terminaban en garras, por lo que su única defensa era salir corriendo.

Saurolophus

El saurolophus fue un herbívoro de gran tamaño que pastaba en rebaños en lo que hoy es parte de Asia y de Norteamérica.

Su seña de identidad era una cresta con forma de púa que se proyectaba por detrás del cráneo.

Forma parte de los dinosaurios «pico de pato», con una boca con forma de pico achatado y sin presencia de dientes, salvo los molares, necesarios para masticar plantas.

Piel moteada

Se han encontrado restos de al menos 15 ejemplares de este dinosaurio y en alguno de ellos había muestras de piel fosilizada que han dado información a los paleontólogos sobre su patrón de escamas.

Se sabe que tenían escamas dispuestas en la cola formando un dibujo vertical que hace suponer que pudo tener rayas. Otros ejemplares, en cambio, tenían escamas radiales, lo que significa que seguramente era una piel con manchas o moteada, al estilo de los leopardos, por ejemplo. También parece que tenía una bolsa de piel en la cara, que se inflaba como hacen con su cuello los sapos al croar.

Icaronycteris

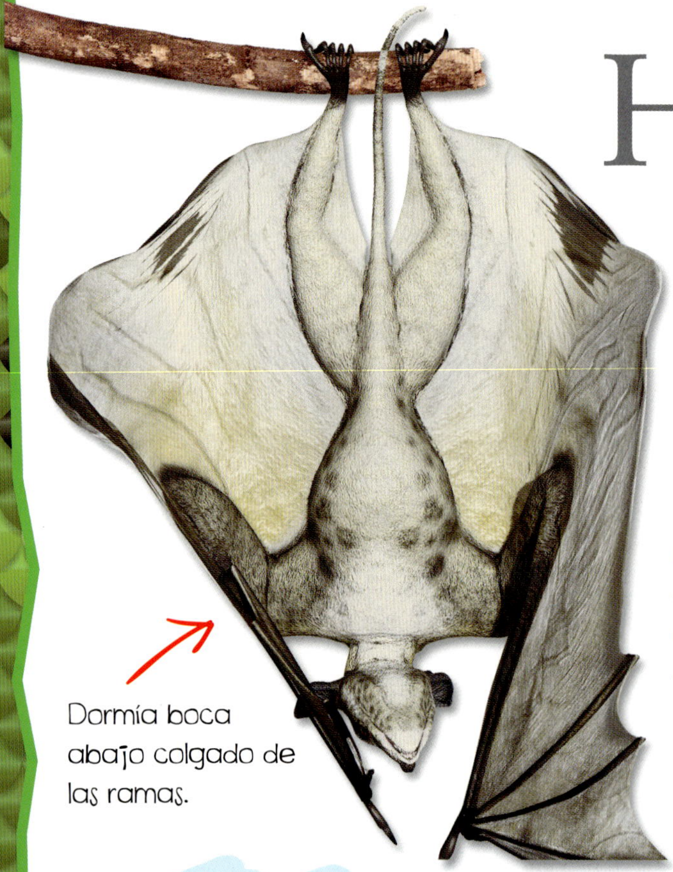

Hace 50 millones de años ya había murciélagos.... pero eran tan raros como este ejemplar de icaronycteris. Desde luego, era un dinosaurio diminuto al que los grandes depredadores ni siquiera veían, por lo que no parece que tuviera muchos enemigos en su tranquila vida.

Dormía boca abajo colgado de las ramas.

El primer dedo tenía una garra, pero en cambio los demás ya eran prolongaciones de membrana para formar las alas.

Origen mitológico

El icaronycteris recibe su nombre de un personaje de la mitología griega, Ícaro. Según la leyenda, Ícaro era hijo del gran arquitecto Dédalo, que había construido el laberinto de Creta y después había sido encerrado por el rey de Creta, Minos, para evitar que revelara el secreto. Para poder escapar debían cruzar el mar y por eso Dédalo construyó unas alas de plumas de ave unidas con cera, tanto para él como para su hijo. Advirtió al joven Ícaro de que no volara muy alto, pues el calor del Sol derretiría la cera rompiendo el haz de plumas. Pero Ícaro no le escuchó y terminó cayendo al mar. El lugar donde cayó se llama Icaria desde entonces.

El icaronycteris poseía el sentido de la ecolocalización de los murciélagos actuales; es decir, podía volar y cazar de noche sin ver porque tenía una suerte de radar que le permitía detectar si había algo delante y dónde estaba la presa.

Murciélago antiguo

Realmente, su parecido con los murciélagos actuales es increíble, aunque tenía algunas características más primitivas. La cola, por ejemplo, era mucho más larga, como la de un ratón, y no estaba unida a las patas traseras, sino que iba por libre. Además, poseía una dentadura completa, parecida a la de las musarañas, que es excepcionalmente afilada.

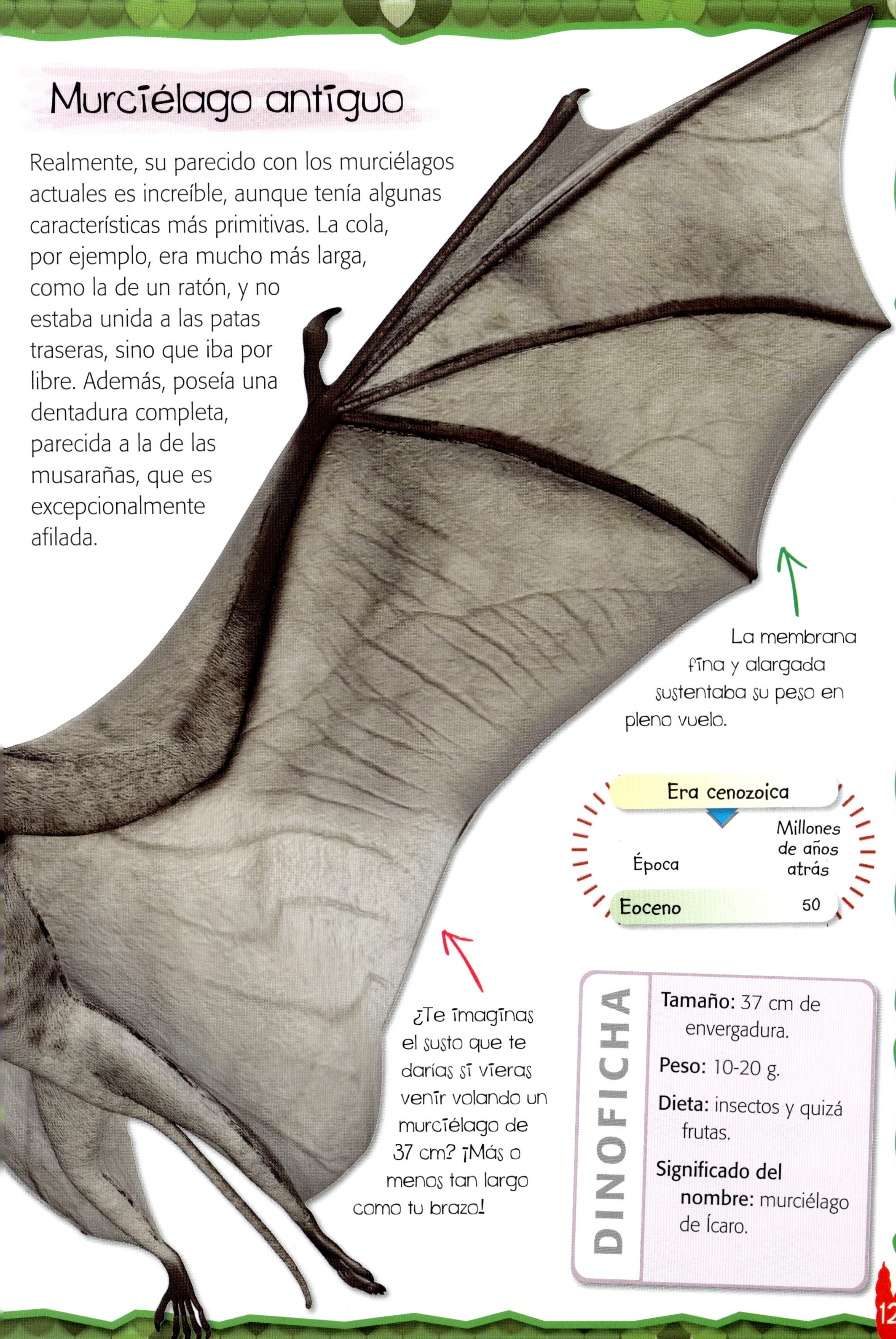

La membrana fina y alargada sustentaba su peso en pleno vuelo.

¿Te imaginas el susto que te darías si vieras venir volando un murciélago de 37 cm? ¡Más o menos tan largo como tu brazo!

Era cenozoica

Época	Millones de años atrás
Eoceno	50

DINOFICHA

Tamaño: 37 cm de envergadura.

Peso: 10-20 g.

Dieta: insectos y quizá frutas.

Significado del nombre: murciélago de Ícaro.

Megalodòn

Era cenozoica

Época	Millones de años atrás
Fin Oligoceno-Pleistoceno	28-1,5

Realmente, el megalodón recuerda al tiburón actual y es que este dinosaurio marino que se extinguió hace 1,5 millones de años es el pariente más cercano del tiburón blanco, en una versión gigantesca.

Los enormes dientes del megalodón pudieron llegar a medir 18 cm desde la base hasta la cúspide.

DINOFICHA

Tamaño: 20 m de máximo y 16 m de media.

Peso: 5.000-10.000 kg.

Dieta: otros animales marinos.

Significado del nombre: diente grande.

Estrategias de caza

La técnica de caza era diferente a la del tiburón actual: atacaba las partes más duras de la presa, como las costillas y la columna vertebral, para acceder a los órganos vitales cuanto antes con sus poderosos dientes. Y su técnica de caza cambiaba según sus necesidades: pudo devorar las aletas de las grandes ballenas o, si la presa era más pequeña, simplemente embestirla con fuerza.

El megalodón tenía mayor número de vértebras que ninguna especie de tiburón, un cuerpo robusto, aleta caudal y cola para un movimiento más eficaz en el agua.

El megalodón pudo vivir en cualquier océano del mundo, aunque prefería las costas cálidas.

Tenía unas aletas grandes y poderosas, necesarias para propulsarse en el agua y cazar con rapidez.

¿Aún existe?

Se cree que el megalodón se extinguió cuando el océano se enfrió en una de las edades del hielo; esto hizo que sus crías murieran y que escaseara el alimento, al fallecer otras muchas especies, lo que finalmente terminó también con el megalodón. Aunque se asemeja mucho al actual tiburón blanco, no se puede pensar en una evolución ni en la supervivencia de la especie, si bien muchas películas y novelas han fantaseado con esa posibilidad.

El esqueleto del megalodón tenía más cartílago que hueso, aunque las vértebras sí eran huesos completos.

Phorusrhacos

No todos los dinosaurios fueron grandes reptiles, existieron extrañas aves como esta, depredadora y no voladora, que vivió en la zona de la actual Patagonia (Argentina), donde hace millones de años había bosque y pasto, en lugar de árida estepa.

Era cenozoica	
Época	Millones de años atrás
Mioceno	23-5

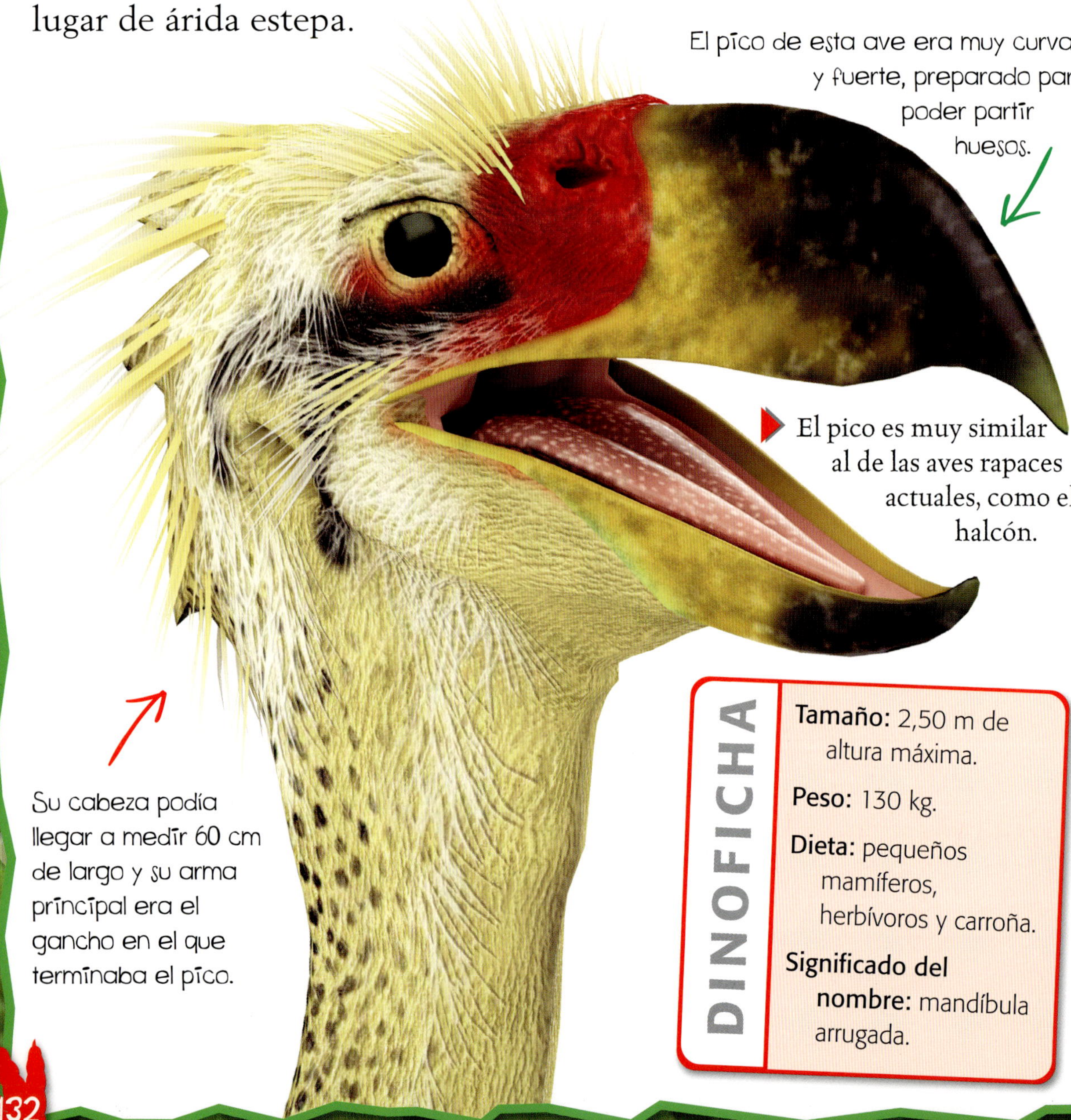

El pico de esta ave era muy curvado y fuerte, preparado para poder partir huesos.

El pico es muy similar al de las aves rapaces actuales, como el halcón.

Su cabeza podía llegar a medir 60 cm de largo y su arma principal era el gancho en el que terminaba el pico.

DINOFICHA

Tamaño: 2,50 m de altura máxima.

Peso: 130 kg.

Dieta: pequeños mamíferos, herbívoros y carroña.

Significado del nombre: mandíbula arrugada.

Cauteloso y camaleónico

El phorusrhacos podía mantenerse escondido entre la vegetación, donde su piel se confundía con el colorido del ambiente, y moverse con rapidez entre los árboles con mucha más agilidad que otros dinosaurios, gracias a la forma de su cuerpo. Así, esperaba a su presa, la sorprendía y la ganaba por su gran velocidad. Una estrategia de caza digna del peor de los depredadores carnívoros.

Las alas eran tan pequeñas y rudimentarias que solo servían para mantener el equilibrio.

Además de su fuerte pico, se valía de las garras de sus patas para el combate y para agarrar a sus presas.

Peligroso enemigo

Se cree que tenía varias maneras de lograr una presa: además de perseguirla en rápidas carreras, podía agarrarla con el pico y luego arrojarla violentamente al suelo, de manera que muriera por el golpe; o bien, si la presa era más grande, usar el pico como arma de precisión, de manera que la parte más puntiaguda se clavara en una parte vital, sobre todo del cráneo, de su presa.

Las patas eran largas y poderosas, parecidas a las del avestruz actual, y podía correr tan rápido como un caballo de carreras.

Kelenken

De la misma familia que el phorusrhacos, el kelenken es de las aves prehistóricas llamadas «aves del terror» y es que era una depredadora tan temible como cualquiera de los grandes dinosaurios carnívoros.

Era cenozoica	
Época	Millones de años atrás
Mioceno	15

No podía volar (de hecho, sus alas son enanas para su tamaño), y seguramente tenía la piel cubierta de plumas.

Los huesos de las patas y los pies se parecen mucho a los de una ave no voladora actual: el ñandú.

Con apellido

El nombre de kelenken hace referencia a un dios mitológico argentino, puesto que sus restos fueron hallados en la Patagonia, cerca de Bariloche. Pero además, esta ave tiene un pomposo apellido: Guillermoi, que se refiere al paleontólogo que la descubrió: Guillermo Óscar Aguirrezabala. Encontró un cráneo y partes de hueso de la pata y del pie, pero fue suficiente para reconstruir el aspecto de esta ave del terror.

Sorprendentemente, las crías de kelenken eran mucho más rápidas y ágiles que los adultos. Un ejemplar adulto podía correr a 40 km/h, que no está nada mal, pero es que una cría iba a... ¡80 km/h!

Tenía un cuello robusto, muy fuerte, para poder sujetar su enorme cabeza y para agitarlo de un lado a otro al atrapar alguna pieza.

Solo el cráneo de esta ave prehistórica llegaba a medir unos 70 cm de longitud, y naturalmente su pico era su arma más letal durante la caza: largo, duro y curvado, era una herramienta muy peligrosa.

Modos de asesinar

Las técnicas del kelenken para matar a sus piezas iban desde atacar con la punta del pico en forma de gancho hasta sacudir violentamente a su presa y golpearla contra el suelo. De este modo, le rompería los huesos y sería más fácil de tragar. Era un depredador activo que estaba cazando continuamente. Solo en casos de extrema necesidad, habría tenido una actividad carroñera.

DINOFICHA

Tamaño: 3 m de alto.

Peso: 160 kg.

Dieta: roedores, reptiles y pequeños mamíferos.

Significado del nombre: Kelenken (un dios mitológico).

Comparativa de tamaño
entre un kelenken, un hombre y un coche

Contaba con dos largos colmillos similares a los de los elefantes, aunque se curvaban hacia abajo y no hacia arriba. Quizá los usaba para escarbar.

La trompa era larga, aunque no tanto como la de los elefantes actuales, y además era plana, lo que le permitía sujetar cómodamente las plantas mientras comía.

Los dientes se habían adaptado para tener una forma de pala porque le gustaba desenterrar las plantas acuáticas.

DINOFICHA

Tamaño: unos 3 m de alto.

Peso: unos 7.500 kg.

Dieta: todo tipo de plantas acuáticas y terrestres.

Significado del nombre: diente de pala.

Herederos

Efectivamente, los elefantes son los herederos del platybelodon, un animal prehistórico muy parecido al paquidermo, aunque su dentadura sea algo diferente. El tamaño del platybelodon era el mismo que el del actual elefante africano, pero no olvidemos que este es el animal terrestre más grande que existe en el mundo.

Comparativa de tamaño entre un platybelodon y un elefante actual

Platybelodon

Es muy parecido al elefante, pero sus orejas son más pequeñas, su trompa más corta y tiene una extraña dentadura. Conozcamos mejor a este pariente de los paquidermos.

Era cenozoica

Época | Millones de años atrás

Mioceno | 15

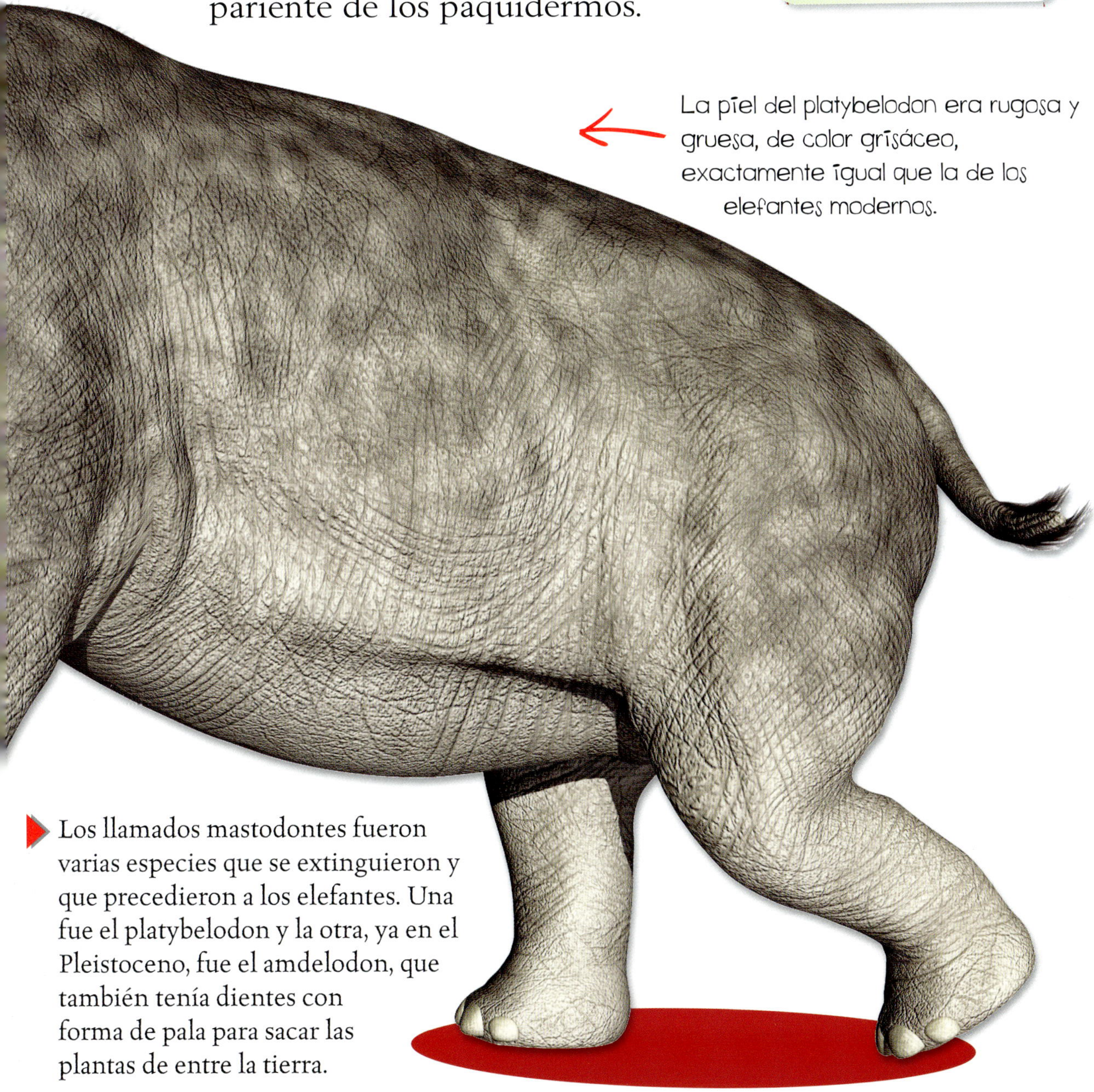

La piel del platybelodon era rugosa y gruesa, de color grisáceo, exactamente igual que la de los elefantes modernos.

Los llamados mastodontes fueron varias especies que se extinguieron y que precedieron a los elefantes. Una fue el platybelodon y la otra, ya en el Pleistoceno, fue el amdelodon, que también tenía dientes con forma de pala para sacar las plantas de entre la tierra.

Mamut lanudo

Este increíble elefante prehistórico estaba perfectamente habituado al frío gracias a su pelo largo y enmarañado y a su joroba de grasa sobre los hombros. Era el habitante de la estepa siberiana.

DINOFICHA

Tamaño: 4,50 m de largo y 3 m de alto.

Peso: 6.000 kg.

Dieta: plantas de la llanura ártica.

Nombre latino: *Mammuthus primigenius.*

Helado de mamut

Se han encontrado muchos restos de mamut lanudo congelados y enterrados en el hielo siberiano, lo que ha permitido estudiar en profundidad su piel, sus órganos internos, el pelo y los músculos con tanta precisión como si aún estuviera vivo. Incluso se han encontrado los restos de su última comida en sus estómagos.

Puede parecerte ciencia-ficción, pero el genoma del mamut lanudo se ha podido reconstruir de tal manera que los científicos no ven imposible una resurrección de la especie por vía artificial. ¿Llegará un día en el que podamos ver un ejemplar de mamut lanudo en el zoo?

Era cenozoica	
Época	Millones de años atrás
Plioceno, pleistoceno y holoceno	4,7-6.000 a.C.

El pelo del mamut lanudo podía llegar a medir hasta 90 cm de longitud en algunas zonas. Debajo tenía una capa de grasa de otros 10 cm. Con semejante abrigo, jamás tenía frío.

Los colmillos apuntaban hacia arriba y le servían para escarbar en la nieve y poder alcanzar la vegetación que crecía debajo.

Los machos tenían colmillos más grandes y los de un ejemplar adulto podían ser tan largos como un coche... por eso los hombres primitivos los utilizaban para construir sus casas.

Imagina un rinoceronte peludo y gigantesco con un cuerno frontal tan largo como un jugador de baloncesto... puede que te dé miedo, pero debes saber que solo era un pacífico herbívoro.

El cuerno frontal podía llegar a medir 2 m y su cabeza entera, 1 m. En conjunto, constituía un arma defensiva muy eficaz.

DINOFICHA

Tamaño: 6,50 m de largo y 2 m de alto.

Peso: 6.000 kg.

Dieta: hierbas y pasto.

Significado del nombre: bestia plana siberiana.

Misterioso final

No se sabe exactamente cuándo se extinguió el elasmotherium y el hecho de que grandes filósofos y personajes de la historia hayan dejado datos sobre él aporta aún más confusión. Por ejemplo, Aristóteles menciona haber visto un «antílope con un solo cuerno» y Julio César, un «buey con un solo cuerno» durante las guerras con Germania. Lo único que podemos afirmar es que hoy en día no existe ningún ejemplar, pero no cuándo murió el último de su familia.

Los gruesos labios podían arrancar las hierbas que luego trituraba con sus poderosas muelas, que podían medir ¡hasta 22 cm!

- El elasmotherium no debió de tener muchos enemigos. Si se acercaba un depredador, se preparaba para embestirlo con su enorme cabeza y su largo cuerno, una auténtica lanza capaz de disuadir al más fuerte.

Elasmotherium

Era cenozoica

Época	Millones de años atrás
Pleistoceno	2,5

La piel del elasmotherium tenía una capa de pelo y por debajo contaban con varios centímetros de grasa que le aislaban del frío, pues vivió en la época de las glaciaciones.

Legendario

Es posible que el elasmotherium diera origen a la leyenda del unicornio, un animal mitológico que, como él, poseía un único y largo cuerno en mitad de la frente. Sin embargo, la leyenda lo estilizó un poco, pues el unicornio no es como un rinoceronte, sino como un elegante caballo con poderes mágicos que podía curar la enfermedad y alargar la vida, y que simbolizaba la pureza y la bondad.

Sus cuatro fuertes patas terminaban en pezuñas enormes y duras para poder caminar por regiones heladas.

Dientes de sable

Muchos mamíferos que vivieron en el Pleistoceno son llamados dientes de sable, si bien el más característico es el *Smilodon fatalis*, un tigre prehistórico de aspecto feroz que habitó América.

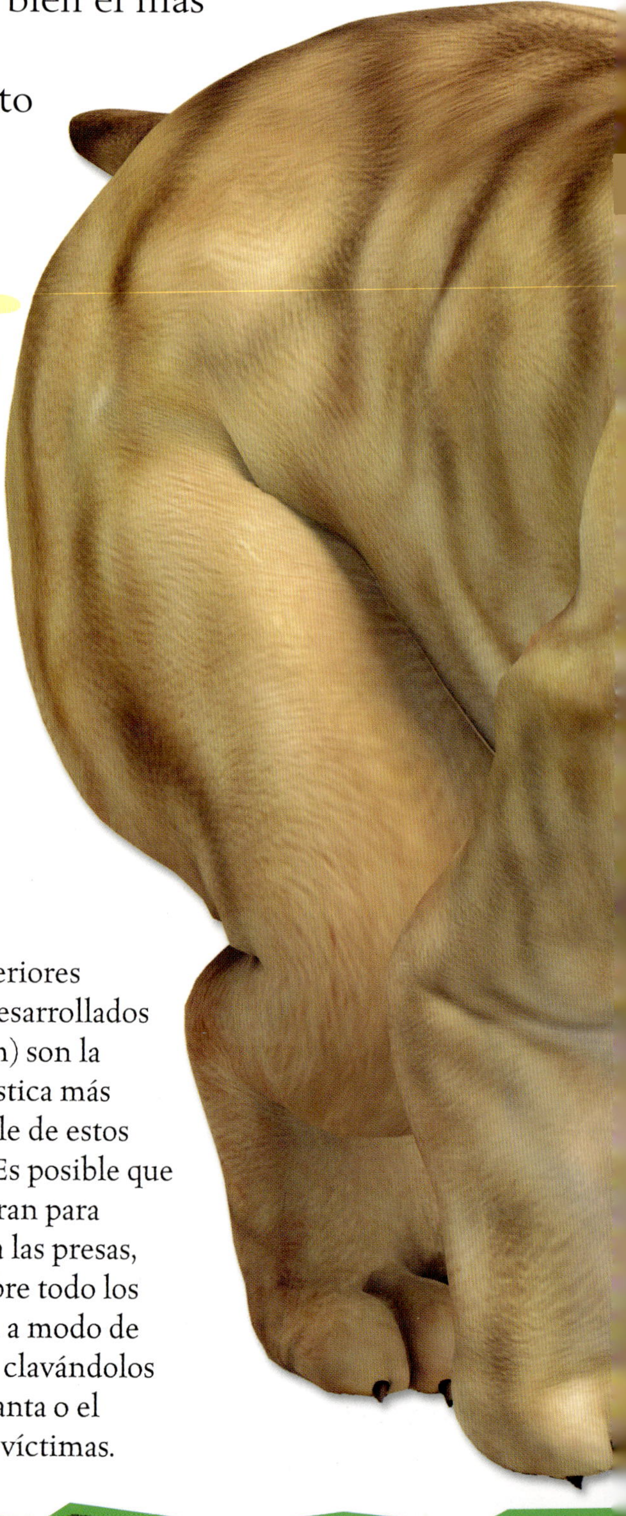

Poderoso cazador

El dientes de sable acecharía a su presa con el mismo sigilo que cualquier felino. Cuando estuviera más confiada, saltaría sobre ella aprovechando la gran potencia de sus patas, de manera que la derribaría sin dificultad.

Una vez en el suelo, aprovecharía para clavar sus colmillos en la garganta del desdichado animal, ejerciendo además fuerza y presión con la musculatura de su cuello.

La presa moriría desangrada y después el dientes de sable solo tendría que disfrutar de un menú de carne fresca.

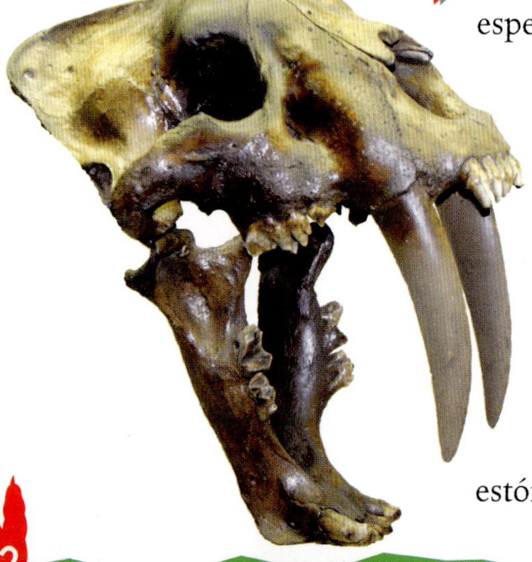

Los caninos superiores especialmente desarrollados (unos 20 cm) son la característica más destacable de estos felinos. Es posible que le sirvieran para sujetar a las presas, pero sobre todo los utilizaba a modo de cuchillo, clavándolos en la garganta o el estómago de sus víctimas.

Era cenozoica

Época	Millones de años atrás
Pleistoceno	2,5

La cola del dientes de sable podía llegar a medir 35 cm. Vivía en manadas, algo parecido a los leones actuales.

DINOFICHA

Tamaño: 3 m de largo y 1,50 m de alto.

Peso: unos 350 kg.

Dieta: bisontes, camellos y otros animales de las praderas.

Nombre latino: *Smilodon fatalis.*

La extinción del dientes de sable se debió a dos factores combinados: por un lado, el cambio climático que transformó el paisaje de la Tierra y, por otro, la acción depredadora del ser humano.

Existe también la teoría de que los colmillos tuvieran una función de exhibición, como los cuernos en otros animales, para distinguirse socialmente.

Competitivo

ɔs restos encontrados evidencian que los dientes de sable luchaban entre sí por el territorio o por las hembras. Muchos ejemplares aparecieron con heridas y mordiscos de otros de su especie, lo que hace presuponer que competían entre sí mostrando quién era más fuerte y merecía ser el jefe de la manada, como si fuera el rey león.

Contenido

C/ San Rafael, 4
28108 Alcobendas (Madrid)
Tel.: (34) 91 657 25 80
Fax: (34) 91 657 25 83
e-mail: libsa@libsa.es
www.libsa.es

Colaboración en textos: María Mañeru
Ilustración: Shutterstock Images, Archivo editorial LIBSA
Edición y maquetación: Equipo editorial LIBSA

ISBN: 978-84-662-2673-8

DL: M-37391-2012